访书

上海市档案馆藏
张元济海内外往来函札

上海市档案馆 编

彭晓亮 陈皓 整理

上海远东出版社

图书在版编目（CIP）数据

访书：上海市档案馆藏张元济海内外往来函札／上海市档案馆编；彭晓亮，陈皓整理. -- 上海：上海远东出版社，2024. -- ISBN 978-7-5476-2070-0

Ⅰ. K825.42

中国国家版本馆 CIP 数据核字第 2024Y4H522 号

出 品 人　曹　建
责任编辑　陈占宏
封面设计　朱　婷

本书入选 2024 年上海市重点图书项目
本书获得 2024 年上海市促进文化创意产业发展专项资金资助

访书：上海市档案馆藏张元济海内外往来函札

上海市档案馆　编

彭晓亮　陈　皓　整理

出　　版　上海远东出版社
　　　　　（201101　上海市闵行区号景路 159 弄 C 座）
发　　行　上海人民出版社发行中心
印　　刷　上海颛辉印刷厂有限公司
开　　本　710×1000　　1/16
印　　张　37.75
字　　数　559,000
版　　次　2024 年 12 月第 1 版
印　　次　2024 年 12 月第 1 次印刷
ISBN　978-7-5476-2070-0/K・210
定　　价　288.00 元

编辑委员会

序言
集学术性、资料性、可读性、实用性于一体的精品图书

郝振省（中国编辑学会会长）

　　在时间的长河中，每一封信札都镌刻着文化的痕迹，承载着历史的记忆。当我们翻开这本首次集中收录上海市档案馆藏近代大出版家张元济与海内外文化界人士函札的书籍时，仿佛穿越了时空隧道，回到了那个风云变幻的年代。

　　张元济，这位在中国近现代出版史上占有举足轻重地位的出版家，他的一生与书籍、文化紧密相连。从古籍善本的搜集整理到出版印刷的每一个环节，他都倾注了无尽的心血与智慧。而本书所收录的近200通函札，正是他一生致力于文化传承与传播的生动写照。

　　本书具有以下几个鲜明的特点，使其在众多同类著作中脱颖而出。

　　——主题明确，资料珍稀。本书集中收录了上海市档案馆藏近代大出版家张元济与海内外文化界人士的函札近200通，时间跨度长，函札数量多，且内容均为中国古籍善本的搜集、整理、出版等事务，涉及互赠书籍、代借代购珍本、交流考证新得等方面。

　　——鸿儒大家，群贤毕至。与张元济往来函札者，既有朱希祖、胡适、张季鸾、陆徵祥、郭泰祺、励乃骥、张石铭、刘承幹、潘明训、章梫、鲍咸昌、任心白等中国学界名流，也有长泽规矩也、诸桥辙次、宇野哲人、狩野直喜、岩井大慧、小川环树、卫礼贤、施永高等海外汉学家。

　　——结构清晰，组织合理。本书分为"海内篇""海外篇"和"索引"三部分，分别收录了张元济与国内学者及藏书家、海外汉学家及藏书家的通信，以及尚待考证的信件和附件等；"索引"则为读者提供了便捷的检索方式。

——考证方法独特，结果令人信服。本书在考证方法上综合运用本证法、旁证法、理证法等多种方法，并参照已出版的相关资料进行考证，确保了考证结果的准确性和可信度。这种严谨的考证方法，为读者提供了可靠的历史依据，使得读者能够更加深入地了解那个时代的历史背景和文化氛围。

——全彩影印，释文对照。本书采用"整理文字"与"档案影印件"一一对应的形式编排版面，图文并茂，方便读者对照阅读。同时，为保持档案文献的真迹原貌，信札原件采用彩色印刷技术，使读者能够清晰看到函札上的字迹、印章等细节。这样的编排方式，无疑为读者提供了更加直观的阅读体验。

——注释说明，背景呈现。本书增加一些必要的注释说明，如信件发生的社会背景情况、所涉及中外藏书家以及日本藏书机构的简介等，为读者提供更多的背景信息，帮助读者更好地理解函札的内容和意义。

总的来说，本书是集学术性、资料性、可读性、实用性于一体的珍贵书籍。它不仅为我们提供了研究张元济及其时代的重要资料，还为当今的出版人提供了一套图书版本蒐集、甄别、整理的方法论，同时也为新时代的文化人做好文化创新工作带来重要启示。

我相信，通过阅读本书，读者可以更加深入地了解那个时代的文化精英们如何致力于中华文化传承与发展，也可以更加深刻地感受到那个时代文化的魅力和力量。

我希望，本书的出版能够引起更多读者的关注和喜爱，大家共同努力，一起为中华文化传承与发展贡献更多智慧和力量。

凡例

一、本书选录的张元济海内外往来函札,连附件、杂件在内近 200 通,均为上海市档案馆馆藏开放档案。

二、本书选录的函札,包括附件、杂件,编排方法如下:(一)根据收发者(张元济除外)的国籍身份,将上述函札划分为海内篇、海外篇两大部分。(二)在海内篇或海外篇中,将上述函札分别归入各位收发者(张元济除外)名下。(三)收发者(张元济除外)排序,根据其第一通函札的落款或收发时间先后,时间不详者排在最后。(三)收发者(张元济除外)名下的函札排序,根据落款或收发时间先后,时间不详者排在最后。(四)函札如有附件,而且该附件系张元济往来函札,则该附件作为函札独立编排。(五)非函札的文件,作为杂件,排在海内篇或海外篇的最后。(六)所有函札,包括附件、杂件,均为图文对照,文在前,图在后。

三、本书整理者根据现有资料,对大多数函札收发者的生平分别写一简介,作为脚注,以符号 * 标明。本书整理者并在书末另附人名书名索引,以便读者检索。

四、本书选录的每通函札,包括附件、杂件,均由整理者拟写一个标题,标明收发者及落款或收发时间。经整理者考证推断的落款或收发时间,以符号〔〕标明,如时间不详,则以符号□标明。原件如有标题,则作为正文保留。拟写的附件标题不列入全书目录。

五、本书选录的函札,包括附件、杂件,均由整理者转录成文,除繁简转换外,一般原文照录。原文如无标点,则加标点;原文如有标点,则基本不作改动;原文如过长且不分段,则予以分段。

六、本书选录的函札,包括附件、杂件,原文中凡需更正错字、别字、衍字者,以符号〔〕标明;增补漏字者,以符号【 】标明;字迹模糊难以辨认者,以符号□标明;保留原文中删改、批注的字句者,用符号[ ]标明;原文缺失较多者,以符号〈缺〉标明;删除内容重复或与主题无关者,以符号〈略〉标明;难以查考而存疑者,以符号〔?〕标明;对原文需要加注说明者,以脚注①②……标明。

导读

　　上海市档案馆馆藏档案资料卷帙浩繁,迄今总量已近 600 万卷(件),内容林林总总,包罗万象。其中,文化巨擘、出版大家张元济与海内外文化界人士往来函札,计近 200 通,时间跨度为 1910 年代至 1930 年代。所涉近现代名人众多,既有朱希祖、胡适、张季鸾、陆徵祥、郭泰祺、励乃骥、张石铭、刘承幹、潘明训、章梫、鲍咸昌、任心白等中国学界名流,也有长泽规矩也、诸桥辙次、宇野哲人、狩野直喜、岩井大慧、小川环树、卫礼贤、施永高等海外汉学家;所涉内容均为访求、蒐集、整理、出版中国古籍等事务。函札数量最多者,为张元济与朱希祖、长泽规矩也、诸桥辙次、宇野哲人等往来函,其中与朱希祖往来函 23 通、8 000 余字;与长泽规矩也往来函 20 余通、6 000 余字;与诸桥辙次往来函 1 500 余字;与宇野哲人往来函 1 000 余字。

　　上海远东出版社慧眼独具,于 2023 年春提议采用全彩影印与释文对照形式予以出版,此提议迅即获得上海市档案馆领导首肯,并入选 2024 年上海市文创资金支持项目,以及 2024 年上海市重点图书项目。馆社双方各自派专业人员参与,多番讨论,通力合作,几经琢磨,终于付梓。希望该书的面世,对学界关于张元济、商务印书馆、近代出版及中外文化交流史研究有所补益。

一、张元济与朱希祖通信

　　张元济与朱希祖通信计 23 通,时间从 1934 年 4 月 15 日至 1937 年 8 月 2 日,其中朱希祖来函 17 通,张元济复函 6 通。

　　这段时间,张元济与朱希祖过从甚密,通信频繁,内容多涉互赠书籍、代借代购珍本、交流考证新得、著作出版等方面，不但对研究张元济，而且对研究朱希祖都是极重要的史料。

朱希祖（1879—1944），字逷先，又作迪先、逖先，浙江海盐人。17 岁中秀才。1905 年官费留学日本早稻田大学，攻史学专业。1908 年在东京与鲁迅同随章太炎学习《说文解字》，1909 年归国。后在教育界任职，先后任北京大学、广州中山大学、南京中央大学等教授。朱希祖治学广泛，酷爱藏书，多达25 万册，其中有明清珍刻、宋季野史、南明野史、地方志乘等善本，曾得明影抄本《水经注》，章太炎题其书房曰"郦亭书室"。他还勤求博访海盐乡贤遗著，如清康熙《海盐县志》，为海内孤本。

张元济长朱希祖 12 岁，两人既有乡谊，有着对家乡的共同关怀，又出于对文化古籍的珍视，从而引为知己，交谊颇深。本书收入的两人通信，主要是在1934 年至 1937 年朱希祖任南京中央大学教授时期。

1934 年 4 月 15 日，朱希祖致函张元济，称"此次过沪，两次晋谒，畅谈甚快"，并受张元济委托代购《二南训女解》一书。朱希祖曾向商务印书馆推荐珍本《皇明经世文编》，张元济甚是欣喜，于 1935 年 1 月 23 日复函称："《皇明经世文编》书极难得，同人等均未见过，拟请转商书主，将全书目录及在前正文一二册寄下一阅，再行决定，无任祷盼之至。"1 月 28 日，张元济转达商务印书馆答复："《皇明经世文编》书固名贵，而价值过昂，现在财力艰难，一时亦无力购致。"眼见珍籍，却无力购买，心甚念之。至 2 月 15 日，张元济又致函朱希祖："《皇明经世文编》未知为何人所得，并乞见告。"2 月 27 日，朱希祖答复称："《皇明经世文编》，敝友以筹得款项度岁，未忍出售，且因各处出价皆未中程，苟得善价，仍可商量云。"3 月 1 日，张元济闻朱希祖欲借抄《蛮吟小草》（朱光昭著），当即慷慨相赠。

1936 年 5 月 8 日，朱希祖致函张元济："因闻得胡孝辕先生《赤城山人稿》残本三卷，多涉本邑掌故。向谓此书盖已亡佚，不谓天壤间尚有残存数卷，为先生所得，实可庆贺。"9 月 9 日，朱希祖致函张元济："于故宫博物院发见胡孝辕先生《唐音统签》全部，……此为《全唐诗》之祖本，大可景印流传。"1936 年5 月 25 日，朱希祖赴上海购书，访张元济。10 月 25 日，朱希祖撰《西魏赐姓源流考》，约三万言，交付商务印书馆作为张元济七十寿辰纪念刊之用。

1937年全面抗战爆发后,8月2日朱希祖致函张元济,道出学者在乱世中的无奈:"国难日亟,吾国文化保存不易。……希祖生平别无他好,节衣缩食,全供买书,家无积蓄,故此后避难且无资斧,欲保存贵重书籍更无善策。京城非安全之地。"

函中还提到:"昨奉大札,并承赐鸿著《刍荛之言》(二)。拜读之余,知海盐农业副产小羊皮一种,直可替代蚕桑。崇论弘议,破世俗一般之谬见,裨益民生实非浅尠。扩而充之,食牛之事亦大利所在,划除于俗儒陋说者多矣。先生经世弘猷,于此可见一斑,钦佩之至。"

函中提及的《刍荛之言》,指1937年7月张元济所作《农村破产中之畜牧问题》,1937年8月1日发表于《东方杂志》第34卷15号。此文内容为考证海盐地方物产之历史,批评政府不切实际的农业政策。1948年9月,张元济当选中央研究院院士,在大会发言中作了慷慨激昂的致词,呼吁和平。会后整理而成的小册子,也题为《刍荛之言》。可见张元济作为一介书生,无时无刻不在关切国家统一、社会安定与民众生活,在危难关头,总要发出良知的呼声。

另外,两人的通信也涉及家庭变故。1934年5月1日,68岁的张元济在回复朱希祖函中提及:"内子久病,近极危迫,不克多述。"查《张元济年谱》,许夫人得肺癌,4月中旬后病危,5月2日病故。4日二时大殓,当日上午,张元济仍忙于校书,一时才到达。(张树年:《我的父亲张元济》,百花文艺出版社2006年版)可见,张元济在遭受晚年丧偶之痛时,将悲痛之情化解于埋头校书之忙碌。

二、张元济与日本学者及藏书家的通信

1928年10月,张元济曾东渡日本访求古籍,参观日本静嘉堂文库、宫内省图书寮、内阁文库、东洋文库、帝国大学图书馆、京都东福寺等公私藏书机构,并参观几家私人藏书,结识多位日本学者及藏书家,包括长泽规矩也、诸桥辙次、宇野哲人、狩野直喜、小川环树等。

长泽规矩也(1902—1980),日本汉学家、目录学家,字士伦,号静庵,神奈川人。1925年东京帝国大学中国哲学文学科毕业后,任静嘉堂文库嘱托,同

时在东京帝国大学继续学习。1930 年任法政大学讲师,后任教授,从事中国文学史、中国文化史和中国目录学研究,并讲授日汉书目学。1961 年以《日汉书的印刷及其历史》获文学博士。主要著作有《书目学论考》《中国版本目录学书籍解题》《静庵汉籍解题长篇》《汉籍整理法》《古书目录法解说》《日汉古书编目法》等。1928 年张元济赴日本访书时,长泽规矩也闻讯拜访,并陪同至静嘉堂文库观书。

诸桥辙次(1883—1982),日本语言学家、汉学家,号止轩。1908 年东京高等师范学校国语汉文科毕业,1910 年汉文研究科毕业。1919 年至 1921 年赴中国留学。1929 年以《儒学的发展与宋儒的活动》获文学博士学位。1930 年任东京文理科大学教授兼附属图书馆馆长。1935 年任静嘉堂文库长。1944 年因编纂《大汉和辞典》获朝日文化奖,被誉为“中国哲学思想的全领域专家”。曾任大东文化学院教授、国学院教授、东京帝国大学讲师、青山学院大学教授。编著有《儒教诸问题》《大汉和辞典》《新汉和辞典》《诸桥辙次著作集》。诸桥辙次早年在中国留学时,曾在上海拜访张元济,两人“晤谈甚欢”。1928 年张元济访日,“旧朋握手喜相见”。

本书收入的张元济与日本学者、藏书家通信,主要为联系摄照、影印事宜及互赠书籍、致谢等。

1935 年,张元济为影印古籍、求得珍版,与老友长泽规矩也、诸桥辙次等书信往来频繁。张元济委托长泽规矩也向日本静嘉堂文库及德富苏峰等私人藏家代为借书。适逢诸桥辙次任静嘉堂文库长,经其允准,所借摄古籍有残宋刊《周益文忠公集》、元刊《东京梦华录》及《济生拔萃》中之《针经节要》《洁古云岐针法》《洁古家珍》《保婴集》四书。德富苏峰也允借所藏京刊《北碉诗集》。

1935 年 3 月 7 日,张元济致函长泽规矩也:“承示静嘉堂藏残宋刊《周益公集》,又元刊《东京梦华录》,诸桥博士快诺假我景照,均赖先生玉成之力,至为感谢。……宋刊《周益公集》敝邦久佚,亟愿流通。《东京梦华录》如原书不至模糊,亦拟借印。既荷先生暨诸桥博士美意,特许敝馆印行,拟即请转托榑井照相师为敝馆摄影。”3 月 8 日,张元济致函诸桥辙次:“弟日事丹黄,藉以娱老,前托长泽规矩也先生代商拟借静嘉堂珍藏残宋刊《周益公集》及元刊《东京梦华录》两书影印,昨得长泽先生函,知承鼎诺,欣喜过望,即覆函请其转邀技师趋前摄影。""欣喜过望"四字,最能表达出张元济对于维护中华文化传承之深沉感情和良苦用心。

3月11日,张元济致函长泽规矩也:"德富苏峰先生所藏宋刊《北碉诗集》,承代商允借影,感幸何极。"10月31日,张元济致函长泽规矩也:"弟前向诸桥辙次先生商向静嘉文库借照《济生拔萃》中之《针经节要》《洁古云岐针法》《洁古家珍》《保婴集》四书,昨得诸桥先生十月十九日来信,已承允诺慨借,并属弟即函告阁下,商量将以上四种书摄照,意甚可感。"

长泽规矩也受张元济之托,在日本代为经办借书、摄照事宜,并时通消息,如藏书机构方面有何变化、私人所藏珍本去向等,函中一一向张元济说明。1936年1月18日,长泽规矩也致函张元济:"其后执事更换如下:图书寮杉寮头、铃木事务官转任;内阁文库秋山属退官,樋口属脱离图书事务;东洋文库石田氏离职;静嘉堂藤田执事离职。"1936年3月14日,张元济致函长泽规矩也:"前得二月二十六日手教,转达橘井先生之言,谓图书寮不日改组,敝处如有借照之书,应速申请。"

张元济对日本私人藏书家的珍本亦颇为关注,如日本实业家内野五郎三藏有残本宋刊《宛陵集》拟转让,后由长泽规矩也处知为书商文求堂所得。1936年6月29日,张元济致函长泽规矩也:"前月偕友人赴四川登峨嵋,……宋刊《宛陵集》一书未知为何人所得,购价若干,便中乞示悉为幸。"8月7日,张元济致函长泽规矩也:"再,内野氏所藏残本《宛陵集》为文求堂所得,未知已售出否,售价几何? 并祈见示为幸。"

关于东渡访书,1928年张元济曾作《戊辰暮秋至日本东京观静嘉堂藏书》,诗中慨叹:"当世同文仅兄弟,区区阋墙只细事。安得尔我比户陈诗书,销尽大地干戈不祥气?"在大规模的古籍影印过程中,张元济不顾年老体弱,东渡日本遍访名书,所谓"破万里浪乘东风,好探珍秘开茅塞";看到古籍珍本时慨叹:"好书不厌百回读,快事生平夸眼福。既入宝山宁空回,得陇何嫌更望蜀。"对日本友人接待、相助的热诚及允诺观看珍本的慷慨,张元济感言:"我来海外交有神,特许巡览娱远宾。执事靖共骏奔走,相助检索逾兼旬。""片言相介重九鼎,便窥邺架并曹仓。""良朋意气重然诺,许我探索不惮烦。"

三、其他函件

刘承幹致张元济函 2 通（一通 1920 年 8 月 5 日，一通 1937 年 10 月 25 日），谈施永高（Walter T. Swingle，美国农林学专家）询问刻本，邀张元济同游，及请教张元济是否知晓海盐张常惺等问题。刘承幹（1881—1963），字贞一，号翰怡、求恕居士，晚年自称嘉业老人，浙江吴兴南浔人，近代藏书家、刻书家，曾创办嘉业藏书楼。张元济与刘承幹有着共同的志趣及收藏、点校古籍的嗜好，从而相交甚笃，往来频繁。

陆徵祥致张元济函 1 则（1928 年 2 月 2 日），张元济复陆徵祥函 1 则（1928 年 3 月 9 日）。陆徵祥（1871—1949），字子欣，上海人，近代外交家。他在致张元济函中提及"海牙相逢，三生有幸"。海牙相逢，指 1910 年张元济环球之行，5 月 2 日抵荷兰鹿特丹港，游海牙故宫；7 月 23 日再赴荷兰，游海牙、鹿特丹、阿姆斯特丹等地，与时任驻荷兰公使的陆徵祥会面之事。

1910 年 3 月 17 日，张元济自上海登轮启程，作环球之旅，考察教育、出版和印刷业。一路游历广州、香港地区及新加坡、马来亚之槟榔屿与柔佛、锡兰（今斯里兰卡）、埃及、荷兰、英国、爱尔兰、比利时、德国、捷克、奥地利、匈牙利、瑞士、意大利、法国、美国、日本，1911 年 1 月 18 日返沪。此次游历，总计耗时十个月。张元济 1911 年 2 月曾作《环游谈荟》以记之，对此次环球旅行途中的所见所闻做了介绍。该游记发表于《东方杂志》第八卷第一号、第二号，惜发表两期即戛然而止。

在比利时籍夫人培德 1926 年逝世后，陆徵祥于 1928 年 1 月正式入修道院。他在致张元济函中，叙及修道院生活："饮食起居均能习惯，院规恰能遵守合格，精神加健，记忆力亦渐渐回复，故补习辣丁文尚有进步。"是年陆徵祥 58 岁，始习拉丁文，可见其愿力之笃。

卫礼贤（Richard Wilhelm，1873—1930，德国来华传教士、汉学家）致张元济函（1928 年 3 月 5 日），谈及"惟敝院（笔者注：指青岛礼贤书院）董事未蒙见许，实为遗憾。惟得诸承协助，则先生虽非敝院董事，而敝院之受先生之赐，固匪浅鲜也。"胡适致张元济函（1930 年 7 月 13 日），谈抄奉所译白朗宁诗。

1932 年爆发"一·二八"事变，商务印书馆遭日机轰炸，东方图书馆珍籍悉数化为灰烬。"廿年心血成铢寸,一霎书林换劫灰。"张元济及商务印书馆同仁心痛万分,无以言表。但痛亦无奈,还须尽力维持。5 月 9 日,张元济致胡适函中说:"弟不忍三十余年之经营一蹶不振,故仍愿竭其垂敝之精力,稍为云五、拔可诸子分尺寸之劳。在此数十日中,可谓吃尽生平未尝所谓资本家之苦。"1934 年 1 月,张元济致刘藜仙函,谈及商务印书馆于 1932 年 8 月迁至河南路恢复营业:"敝馆复业后,对于固定职志,为全国赞助教育发扬文化,与当局在事诸君群策群力,逐次进行,今已渐有成效。而东方图书馆关系重要,同人等既不甘任其湮没,又承各界责望指导,亦于去秋组立复兴东方图书馆委员会,延聘国内外名流共同集事。"

任绳祖(心白)致张元济函 2 则(分别为 1935 年 6 月 14 日、1937 年 1 月 7 日),系汇报影印进展情况及收存西安《解放日报》等事。"《解放日报》遵已陈明拨公,转致图书室妥为保存。本日又收到十二月十七、十八两张,谨附呈。"其时西安《解放日报》创刊未久,能在上海见到该报,实属不易。可见张元济极注意关心西安事变的状况,设法搜罗,并谨慎行事,阅后妥为保存。

1935 年 1 月 11 日,刚赴伦敦就任驻英大使不久的郭泰祺致函张元济,对张元济丧偶表示慰问,并叙及初到伦敦的感受:"英伦入冬,黑雾弥漫,颇觉沉闷。弟与内子现已渐习惯,殊不以为苦。"郭泰祺还对当时的英美东亚政策转向做了简要分析:"此次海军谈判,英美对日本独羁太平洋及远东之野心已渐瞭然,两国关于东亚之政策似较前接近,大有合作之趋势,惟尚未具体化耳。"

励乃骥(德人)致张元济函 2 通(1939 年 4 月 9 日、15 日),请教版本学,谈《中庸说》《孟子传》二书。

从本书所收函札,可知张元济为古籍、商务印书馆和中华文化发扬光大所作的巨大努力,即使在年纪日增,老年丧偶,身体状况已大不如前,并时有病痛的情形下,依旧惜时如金,终日埋首于古籍点校,真令举世慨叹。引用张元济先生 1941 年于病榻上所撰七绝一首,以作结语:

天宁许我常偷活,国岂容人作冗民。
莫负残生任虚掷,试看世事正更新。

目　录

二、海 外 篇

三、附　录

一、海 内 篇

1. 刘承幹 *

（1）刘承幹复张元济函（〔1920年〕8月5日）

菊生老伯大人尊鉴：

  顷由敝申号附到手示，敬悉拙书已蒙返璧七种，何汲汲如此。至若施君永高①自美来函，询及拙刻，侄计与施君判袂候已年余，续得约有十余编。扬州已刻未印者，约又数种。本拟凑集二十帙，奉求长者转寄美洲，为该藏书楼之赠。今施君不远万里拳拳下询，俟返沪后，当赶促印齐，〔当先代述雅意。〕托为转寄，收值则断不敢也。莫干之游，侄满拟借居皋庑，领略清凉世界。忽晤莹照开士，敦劝改就普院，至再至三，因于月之八日，偕二三同志乘新宁绍班轮来山，下榻报本堂，小住禅林。暮鼓晨钟，别饶风味。山峦环海，如在画图。连日出游，亦颇愉快。〔甚羡甚羡。〕出月初，返棹甬江，尚拟作天童之游，天童幽胜甚于此间。吾乡周梦坡②学博，亦拟俟侄到甬，函招同游。长者素嗜游山，蜡屐同登，其有意乎？〔极拟追随，惟建筑宗祠正欲动工，同时须回里察视一切，承招只可谢谢。〕设如赞同，乞先示知，俾侄启程之前预函奉约。前此莫干之说，仰承慨假高斋，〔天童归后，如游兴未阑，仍可一往。舟车极便，山中气候清淑，甚相宜也。〕虽负山灵，而盛情则感深镂刻。敬谢敬谢。江亢虎③先生，夙耳其名，极深景慕，俟侄返旆，谨当略赠拙刊。修士相见，礼晤为道念，乃叩嵩泐。谨复，敬请

  ＊ 刘承幹（1881—1963），字贞一，号翰怡、求恕居士，晚年自称嘉业老人。浙江吴兴南浔人，近代藏书家与刻书家，创办嘉业藏书楼。

  ① 施永高介绍见海外部分。

  ② 周梦坡（1864—1933），名庆云，字湘舲，号梦坡，浙江吴兴南浔人。

  ③ 江亢虎（1883—1954），名绍铨，字亢虎。江西弋阳人。

访书：上海市档案馆藏张元济海内外往来函札

台安，伏希

垂察

世愚侄刘承幹顿首

六月廿一日

004

菊生老伯大人尊鑒頃由敝申號附到

手示敬悉拙書已蒙返璧七種何汲～如此至若 施君

永高自美來函詢及拙刻姪計與 施君判袂倏已年餘

續得約有十餘編揚州已刻未即者約又數種本擬湊

集二十帙奉求

長者轉寄美洲為該藏書樓之贈今 施君不遠萬

里拳～

下詢俟返滬後當趕促印齊記　菊先代迅弟嶺頓首

為轉寄必值則斷不敢也莫干之游姪滿擬借居

鼻廛頷暑清涼世界忽暗瑩照開士敢勸政就普

院至再至三因於月之朔偕二三同志乘新甯郘班輪

來山下榻報本堂小住禪林暮鼓晨鐘別饒風味

山巒環海如在畫圖連日出遊亦頗愉快出月初返

禪甬江貴擬作天童之游天童出勝甚於此間吾鄉

周夢坡學博亦擬偕姪到甬函招同游恨宇祖亟難勸

長者素嗜游山蠟屐後同登其有意乎設如贊同乞先

示知偉姪啟程之前預函奉約前此莫干之說仰承

慨假高齋雖負山靈而

盛情則感深鏤刻戮謝戮謝　江元虎先生風

耳其名極深景慕　俟姪返滬謹當暑贈　拙刊修

士相見禮晤

為道念乃叩　崇助謹復敬請

台安伏希

垂詧　世愚姪劉承幹頓首　六月昔

（2）刘承幹致张元济函（〔1937年〕10月25日）

菊生老伯大人侍右：

月初国际饭店一别，忽忽又兼旬矣。比维杖履清嘉为颂。有友人偶阅《威音》佛刊第四十六期《历代流传的种种净土法门》，有云光绪四年春，桐乡沈善登、海盐张常惺等结坛邓尉圣恩寺①，念佛写《弥陀经》，刻之杭州小霍山云云。《海盐县志》光绪二年刻选举表中，无张常惺。因捡沈善登所著之《报恩论》，亦有与《威音》同样之记载。善登文中数提张子简，疑子简即常惺字。《历代名缋观音象》中亦有张常惺名。敢质诸长者，张常惺是否同宗？（张常惺为光绪初年人，年代未远，又与长者同乡，如有科名，长者必知之也）《海盐县志》光绪二年后有否续修？均乞详示一一为盼。嵩此奉渎，不胜神驰。祇叩

著安

姻世愚侄刘承幹顿首

九月廿二日

再启者，东莞张豫泉②观察，曩曾有元明遗民诗咏之著，今则年登耄耋，吟兴犹昔。拟仿其例为《清遗民诗咏》，志在表章气节，维持名教。苦于无所取材，乃属侄搜集诸遗民事迹，系以小传。硁硁之愚，亦遽忘其谫陋。窃不自量，拟就小启徧函海内诸交，代为广事搜

---

① 苏州邓尉山圣恩寺。

② 张其淦（1859—1946），字汝襄，号豫泉、寓荃，晚号罗浮豫道人，又号岭南迁叟。广东东莞篁村人。著有《元八百遗民诗咏》《明代千遗民诗咏》等。

集。附呈小启数纸，敢乞鼎力赞成，俾早日观成。（长者太丘道广，当必有以见教）表微阐幽，当荷同情，不以侄之奉渎为可厌也。此上惠鉴

　　附呈小启，即乞察存。

姻世愚侄刘承幹顿首
九月廿二日

SC072　0070

菊生老伯大人侍右月初圆际饭店一别忽忽又黛旬矣比维
杖履清嘉为颂有友人偶阅威音佛刊第四十六期「麻代流传的种种
净土法门」青云光绪四年香桐乡沈善登海盐张常惺等结坛邕尉
圣恩寺念佛「写绘弥陀经」刻之杭州小霍山云海盐县志光绪二年刻
选举表中无张常惺是否所著之报恩论忘有与威音同
样之记载善登文中数提张子简疑子简即常惺字麻代名续观
张常惺为光绪初年人年代未远又与长者同乡如有科名长者必知之也
长者张常惺是否同宗海盐县志光绪二年后有否续修均乞
详示一以为盼尚此奉读不胜神驰祗叩

著安

姻世愚姪刘承翰顿首　九月廿二日

恩遇　壬戌十一月　刘象幹谨摹

再啟者東莞張豫泉觀詧曩曾有元明遺民詩詠之著今則

年登耄耋吟興猶昔擬倣其例為清遺民詩詠志在表章氣

節維持名教善於無形取材乃屬姓搜集諸遺民事跡繫以小

傳碻之愚忠志其謹隨窩不自量擬就小啟徧函海內諸友

代為廣事搜集拊呈小啟數紙敢乞

長者大立道廣焉必有叭見教

鼎力贊成表徵闡幽當荷

同情不以姪之奉瀆為可厭也此上

惠鑑　姻世愚姪劉承幹頓首

附呈小啟即乞詧存

恩遇

壬戌十一月　九月廿二日　劉承幹謹拜

2．张钧衡[*]

张钧衡致张元济函（〔1920 年〕8 月 5 日）

菊生宗兄大人阁下：

接奉惠书并美国人施君^①函，均读悉。所需书籍，《适园丛书》并无续出，惟择是居所缺之种，俟印出即行奉上转寄是耳。手此布覆，即请

台安

弟钧衡顿首

八月五日

---

* 张钧衡（1872—1928），字石铭，号适园主人，浙江吴兴南浔人，收藏家。
① 美国国会图书馆施永高。

012

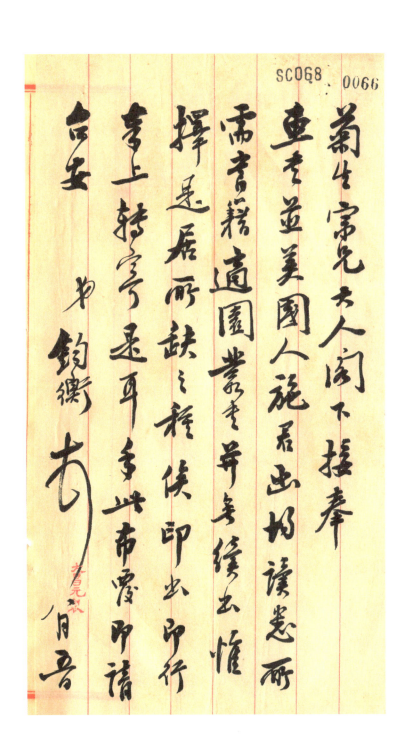

菊生宗兄大人閣下接奉

惠書並美國人施君函均拜讀悉而

需書籍適園業委弟等續出惟

擇選居而缺之種俟印出即行

寄上特令達耳專此布覆即請

台安　弟　鈞衡　頓

光緒元年　/月　吾

3．朱元钧 *

朱元钧致张元济函（1921 年 3 月 31 日）

查《道藏辑要》橱中只有贰部，再查流水簿，只有七年六月三日购入一百四十本（即二部中之一），并木板两块。原有一部中，同年九月十七日由京馆装箱来残本四十九册，已配入旧有部中，只余重出乙本，并无四川翻本①购入。请再查明为祷。

菊生先生台鉴

弟朱元钧上

张先生

十年三月卅一日

查道藏輯要櫥中只有刻部再查添水鄉
祗有工年六月三号購入新本部中三一卽
一部中同年九月十五日由京版裝箱來殘本
四十九冊已知久為有部中只餘重出少本
益無四川翻本購入後再查明方禱
菊生先生台鑒　弟朱元鈞上
張先生

二年三月卅一

4．江裔经[*]

江裔经致张元济函（〔1921年3月〕31日）

　　查去年并未购《道藏辑要》，来示殆指七年份所购而言。此时如拟售去，亦可将旧有之本所无、后购之本所有者抄补完全后，将后购之本售脱。但彼此同缺者恐亦不少。

　　外附朱仲函，并乞察阅。

张菊生先生

经

三十一日

---

　　* 江裔经，字伯训，曾任商务印书馆编译所事务部负责人。

查去年並未購道藏輯要 書不甚佳惜七年份兩購而

言此時如數價去点可將舊已之本收回後購之本收□

此抄補完全成將後購之本售脫但彼此同缺此恐此不

少外附來件出並云希參閱

張菊生先生

弟 恒

三十日

附件：朱元钧致江畬经函（1921 年 3 月 31 日）

　　查《道藏辑要》旧有一部，无总目录，中间尚未配全。七年六月三日购入一部，价一百十元。已查过缺页，记曾向哈同①抄补，与该处缺页相同，似此如将新购之书售去，馆中反致不全，请转达菊公。专此，敬请
伯训先生台鉴

江先生

朱元钧上

十年三月卅一日

---

①　底本为哈同藏书楼藏书。

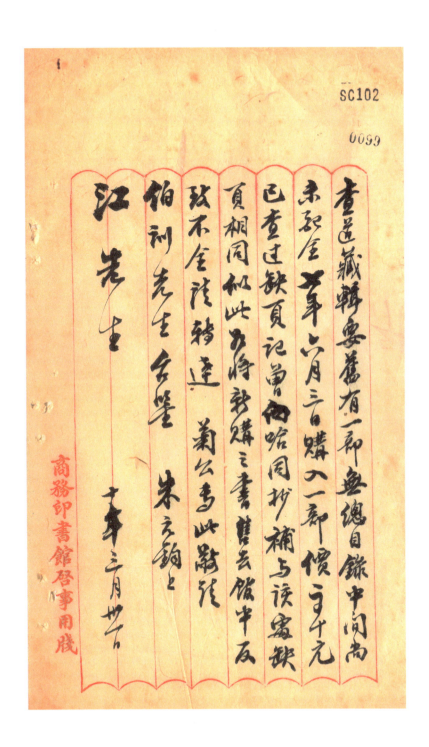

查道藏輯要舊有一部 無總目錄 中間尚
未配全 二年六月三日購入一部 價二千元
已查迄缺頁記曾四帖同抄補 与該處缺
頁相同 似此可將新購之書 與舊處缺半反
玆不全殘軼遽 菊公為此剟後
伯訥老先生台鑒　朱文鈞上
江老先生　　　十九年三月廿六日

019

5. 罗品洁*

罗品洁致张元济函（1921 年 6 月 22 日）

《学海类编》，查预约章程，以民国九年八月底出书，取书期满应在十年八月底止。发行所定书柜报告预约书未曾取去者，连史纸贰部、毛边纸六部。京馆预约书存若干，昨已去函问矣。发行所寄售尚存连史、毛边各壹部。

张菊生先生台鉴

晚罗品洁查抄

10/6/22

---

* 罗品洁，曾供职商务印书馆发行所，后有《回忆商务印书馆》，收于商务印书馆总编室编《商务印书馆馆史资料之 2》。

與子海額編查預約章程擬以民國九年八月底出書取書

期滿應在十年八月底止

發行所定書柜報告預約書未曾取去者連史紙本部

毛邊紙六部

京館預約書有若干昨已去函問矣

發行所參儀尚有連史毛邊紙各壹部

張菊生先生台鑒

晚羅兆豐拜手 □□

6. 陆徵祥*

(1) 陆徵祥致张元济函（1928年2月2日）

菊生先生阁下：

海牙相逢①，三生有幸。嗣后东西奔驰，良晤无缘。然敬仰之私，未尝或释于怀也。遥想道祺增绥，为无量颂。祥猥以先室培德②病中许以入院修道，聊表二十七③相互为命，相待之诚，故于去岁将先室灵枢移葬比都④，即入圣唐特莱修院⑤。先在院中迎宾馆侍宿，以资试习，继以入请愿班实习，业于前月十四日蒙院长允准，依据教廷定律，行洗足礼（即耶苏生时与门徒所行之洗足礼，二千年之古礼），正式收入，归修士学习班学习。祥来院前后七阅月，幸赖先人（先祖、先父均系教友）积德，先室默启，饮食起居均能习惯，院规恰能遵守合格，精神加健，记忆力亦渐渐回复。故补习辣丁文，尚有进步。谅以后当不致另生困难，堪慰锦注耳。

兹有恳者，《本笃会修院院规》及《圣本笃本纪》，现已觅得英文译本二册，祥意亟愿译成中文，装订小册，分赠国中同僚亲友，俾知该会源流。特将二书邮寄尊处，敢恳长者分神代为计划办理，并恳将译费印费（乙千或二千部，用布装订）、所需时期预估清单示知，至

---

* 　陆徵祥（1871—1949），字子欣，也作子兴，晚号慎独老人，江苏省松江府上海县（今上海市）人。中国近代外交家。
　　①　指1910年张元济作环球之行，5月2日抵荷兰，游海牙故宫时，与陆徵祥（时任驻荷兰公使）会面事。
　　②　陆之配偶比利时人培德·博斐。
　　③　1899年结婚至1926年培德逝世。
　　④　布鲁塞尔。
　　⑤　位于比利时布鲁日的圣安德鲁本笃会隐修院（Abbey Saint-Andrews，Bruges）。

祷至恳。叨在同乡，用敢渎神。临颖神驰，不尽欲言。专此，祇请

台安

乡愚弟陆徵祥拜启

二月二日

附呈拙照二纸，一为公教学生所摄及本笃遗像，哂存作念。祥又及。

［总务处台詧，此信仍请发还。］

［请就""处照打三分〔份〕，一送印刷所，一送编译所，请其会商示复，其一则存尊处。张元济。17/2/23］

［书二册附上。］

［已打出，原信奉还。倬①注。17/2/24］

---

① 倬，疑为黄仲明，名经倬，商务印书馆秘书处秘书。

菊生先生阁下 海牙相遇三载有奇 嗣後东西奔驰良

瞻参阔疎 敬仰之私未尝或释於怀也 遥想

道祺增绥为无量颂 祥撰以先宝培德病中许以入院修

道聊承二十七年相互为命相待之诚故移去岁特先宝灵

柩移葬比都印入圣庐特莱修院 先左院中迎宾馆传

宿以谒试习继以入请愿觐觌实习业於前月十四日蒙院长

允准依僧教廷定律行洗足礼 即耶稣生时与门徒

归修士学习班学习 祥来院前後七阅月所事默唻 两行之洗足礼二均礼 正式收入

先人

收祖父像 交教友

積德 先生 默啟 飲食起居均能習慣院規恰能遵守合格

精神亦健記憶力亦漸、恢復故補習課丁文者有進步途以後

當不致另生困難堪慰

得英文譯本二冊 祥意亞願譯成中文繁初小冊分贈國中同僚親

友俾知緣會源流特將二書郵寄 書二冊附上

錦謹聲明兹有熙者本篤會修院院規及聖本篤本紀現已覧

可刪在一區 納律在路沙

四打三分道

諸凱之處

荸廈歉然 計劃

長者分神代為辦理 益知特 譯賁即賁

預估清草 乙千或二千

郭用布装初 所需時期

毛拒生原作手迹

（作於二三月）

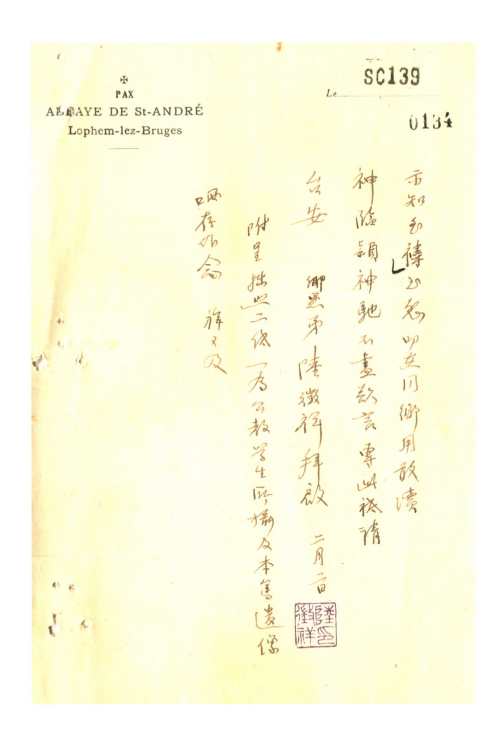

SC139

Le.....................

0134

示知知悉 拜读之余 仰企弥切 用敢渎

神瞩 颛神驰 不尽欲言 专此祗请

台安 乡愚弟 陆徵祥 拜启

二月十二日

附呈拙作二种 一为公教学生所撰及本笃遗儒

照存如念 祥又及

（2）张元济致陆徵祥函稿　（〔1928 年 3 月 9 日〕）

受信人：陆

子欣仁兄大人阁下：

　　海天暌隔，想望为劳。日前接奉二月二日惠函，远蒙存注，至感至慰。贤嫂夫人仙逝，相暌万里，竟未闻知，一束生刍，莫由致奠，尤深惭愧。近知我兄于已安宅窆厝后，即经移居道院，受法精修，因之视听益见聪明，可胜企仰。寄示照片二帧，肃瞻起敬，心向往之。又附下《本笃会修院院规》《圣本笃本纪》英文各一册，亦谨收悉。承属交由敝公司代为译印，以广流传，弥佩盛意，当即转交，并已由主其事者分别核办，另行具函奉复，伏希鉴核示遵为荷。专此布谢，敬颂

道安

弟张

〔照打四分〔份〕，以二分〔份〕交下。〕

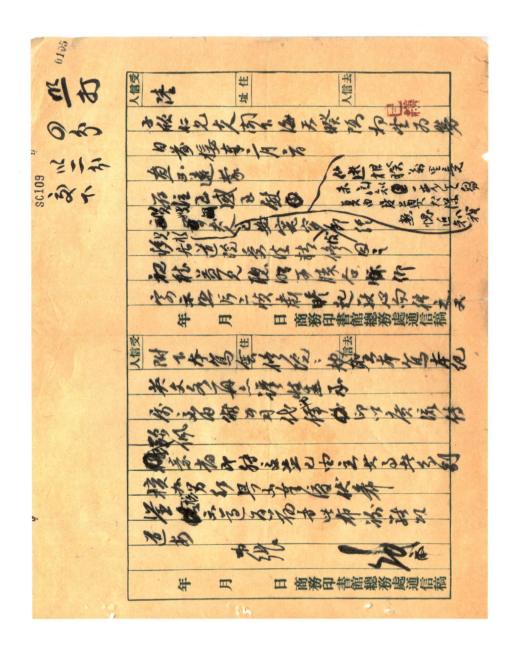

(3) 商务印书馆致陆徵祥函稿（1928 年 9 月 8 日）

子欣先生大鉴：

　　谨启者，今春由张菊生先生交下尊寄《本笃会修院院规》及《圣本笃本纪》英文本各一册，嘱敝馆代为译印。敝处当即分别估计，详具寸函，于本年三月十日交邮局挂明第一六九〇六号寄奉，想已早蒙察入。相隔数月，未荷惠复，未知前函已否达到。兹将前函留稿附呈，敬祈察核示复，俾便遵办，无任企盼。专肃，敬颂

台祺

十七年九月八日

SC097　稿　0094

第　頁

子欣先生大鑒謹啟者今春由張菊生先生交下

尊寄本篤會修院院規及聖本篤本紀英文本各一冊囑敝館代爲譯

印敝處當即分別估計詳具寸函於本年三月十日交郵局掛明第一

六九〇六號寄奉想已早蒙

晉入相隔數月未荷

惠復未知前函已否達到茲將前函留稿附呈敬祈

樂核示復俾便遵辦無任企盼專肅敬頌

台祺

十七年九月八日

商務印書館啓事用牋

本館自製華文打字機

附件：张元济致陆徵祥函底（1928 年 3 月 9 日）

子欣仁兄大人阁下：

海天暌隔，想望为劳。日前接奉二月二日惠函，远蒙存注，至感至慰。贤嫂夫人仙逝，相暌万里，竟未闻知，一束生刍，莫由致奠，尤深惭愧。近知我兄于已安窆乡后，即经移居道院，受法精修。因之视听益见聪明，可胜企仰。寄示照片二帧，肃瞻起敬，心向往之。又附下《本笃会修院院规》《圣本笃本纪》英文各一册，亦谨收悉。承属交由敝公司代为译印，以广流传，弥佩盛意，当即转交，并已由主其事者分别核办，另行具函奉复。伏希鉴核示遵为荷。专此布谢，敬颂
道安

张元济
十七年三月九日

[已辞退商务职务，仅充董事。]

031

子欣仁兄大人閣下海天暌隔想望爲勞日前接奉二月二日

惠函遠蒙

存注至感至慰

賢嫂夫人仙逝相暌萬里竟未聞知一束生芻莫由致奠尤深慚愧近

知我

兄於已安窀穸後卽經

移居道院受法術修因之視聽益見聰明可勝企仰

寄示照片二幀曷勝起敬心向往之又

附下本篤會修院院規暨本篤本紀英文各一册亦謹收悉承

囑交由敝公司代爲譯印以廣流傳彌佩

第　頁

商務印書館啟事用箋

本館自製華文打字機

032

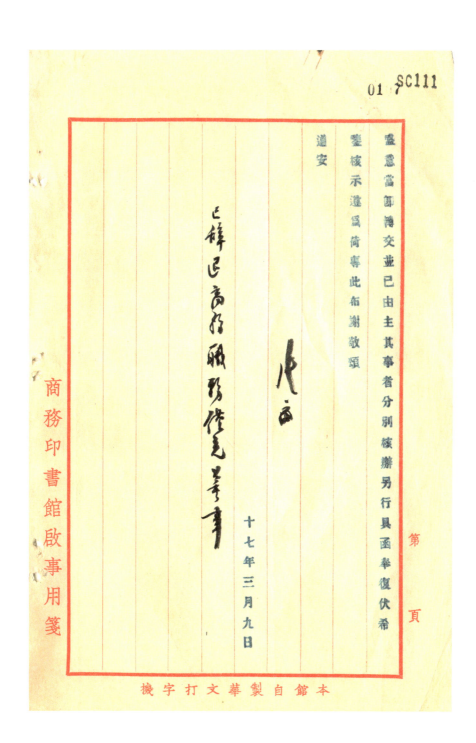

盧慮當即轉交並已由主其事者分別核辦另行具函奉復伏希

鑒核示遵爲荷專此布謝敬頌

道安

正輝區商務職務佳處筆書

十七年三月九日

7．庄俞*

（1）庄俞致张元济函（1928 年 3 月 30 日）

菊公大鉴：

　　复卫礼贤信稿乞正。卫君另有详函寄敝处，敝处以其言词恳切，除前寄杂志外，将本版未寄及代办各杂志各取二册，又稍为美观之传单样本等亦酌选若干，此外各省日报因登本馆广告而寄来者，亦每种取二份，不下数十种。此乃卫君去年托代搜罗而未允者。此颂
道安

弟庄俞顿首

17/3/30

---

　　* 庄俞（1879—1940），名亦望，字百俞，又字我一，别号梦枚楼主，江苏武进人。商务印书馆编译员，著有《我一游记》等。

菊老惠覽後洵改照原稿之

正術君另有譯述多種均受故事以其言詞

懇切陳義多新穎除外將專版末言者因代此

我兄此前二冊又擬為之重觀之作單揭專華

此訂選者千家又有日報因登專者給廣告

雲寄來者六每稿而之冊不下數十後衙君某

年托此搜採寄來先者此民

逖〔署名〕

5/3/30

（2）庄俞致张元济函（1928 年 3 月 30 日）

菊公大鉴：

致卫君信①已打，送上两份，请签字后交还，敝处寄出亦便。

此颂

大安

弟庄俞顿首

17/3/30

---

① 见张元济复卫礼贤函底（1928 年 3 月 30 日）。

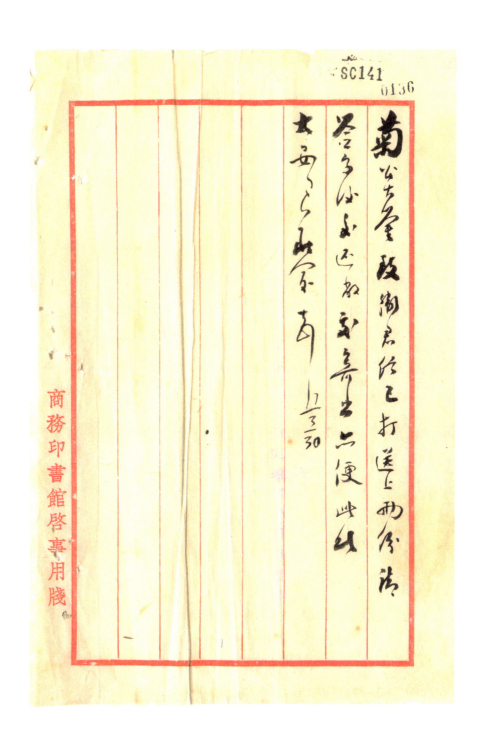

菊公先生 政衡先生徐君作之捎送两卷诗

啓者前此未还知豪士二便此奉

未审之此奉有

3/30

8．黄仲明

黄仲明致张元济函（1928年9月8日）

菊公大人尊鉴：

昨交下梁任公[1]信一件，据东方图书馆复称，《稼轩诗文集》东方及何氏书[2]中均无有，顷已由拔公致函贞壮[3]先生借钞，一俟借到，再托颐翁拟稿答复梁君。谨先奉闻。陆子欣君处，顷又由公司去函催询，用将函稿呈阅。祇叩

钧安

晚倬谨上

十七年九月八日

---

① 梁启超。

② 1925年涵芬楼购入扬州何氏（何晋彝）藏书四万册。

③ 诸宗元（1875—1932），字贞壮，一字真长，别署迦持，晚号大至。浙江绍兴人。诗与李宣龚、夏敬观齐名。能书，商务印书馆出版涵芬楼珍本题署，出其手笔。有《病起楼诗》《大至阁诗》《中国画学浅说》等传世。

菊生大人尊鑒啟

交下梁任公作一件擬東方圖書館後

揀擇涵軒詩文集東方乃何氏書中

搞零有頃已由拔可致函貞壯

先生償鈔一俟償到再託順筠

搬稿荅復梁君謹先奉

閣陸子所君處須又由子司主圖作

詢用將圖稿呈

閣裁叩

鈞安 晚作謹上 十七年九月八日

商務印書館啓事用牋

9. 郑贞文 *

(1) 郑贞文致张元济函（〔1929年〕7月8日）

菊翁赐鉴：

　　闻台驾将于明日赴庐，甚慰。本拟趋谒承教，因恐治装多忙，不敢奉扰。山居住址便乞示知，以便通讯。前马君来函①，请代学艺社书横额四张，上款一书"宇野哲人博士惠存"，一书"诸桥辙次博士惠存"，一书"岩崎男爵②惠存"，一书"长泽规矩也学士惠存"，下款请书"中华学艺敬赠，我翁书"字样。至所题之字，承嘱代拟，腹俭迄不得，当另纸姑举数语以备参考，我翁斟酌改正之为盼。又片山先生（片山正夫）拟求墨宝，得便亦乞一挥（挂在日本所谓床中，尺寸与长泽所求者同，下款只署大名，不必署学艺社等字）。送上宣纸两张，不知适用否？如不适用，或不敷用，请即示知。费神，心感不尽。此请
大安
　　又，补送前日马君来片二份。

郑贞文顿首
七月八日

　　再者，前恳书条幅赠片山先生，拟用苏子"盖将自其变者而观

---

　　*　郑贞文（1891—1969），字幼坡，号心南，福建长乐人。曾任中华学艺社总干事、商务印书馆编译所理化部主任。

　　①　马君来函见后附之马宗荣致郑贞文函（1929年5月30日）。马宗荣，字继华，贵州贵阳人。现代图书馆学家。1929年毕业于日本东京帝国大学。时任中华学艺社东京分社干事。

　　②　岩崎久弥。

之，则天地曾不能以一瞬；自其不变者而观之，则物与吾皆无尽也，而又何羡乎"[1] 如何？因此数语与近代科学家之说有相同处也。又及。

① 出自苏轼《赤壁赋》。

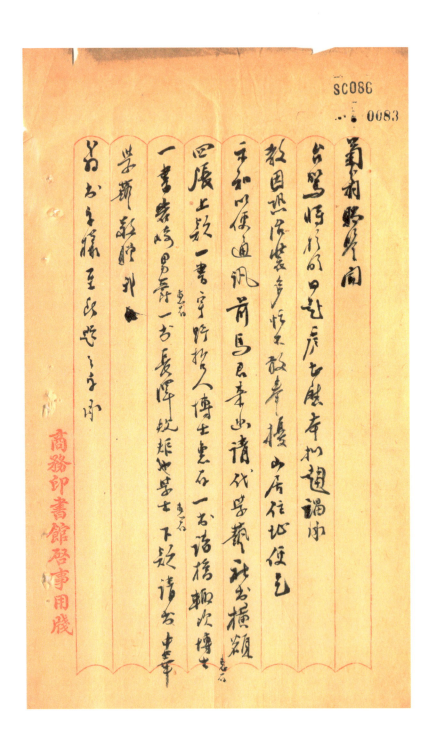

菊生有道吾闻

台驾将于日内起程赴欧旅行敬此趋谒临

教因恐迟误荐多怀久故奉缄以为往还便无

兹即以便通讯前岛良又查出请代为藏弆并书横额

四展上款一书字帖托人博士远存一书语搁柜次博士

一书寄以昌舞一书长浑然乱妙墓士下颗请台束事

学琛顿首拜

弟书为孙至政些六十年

042

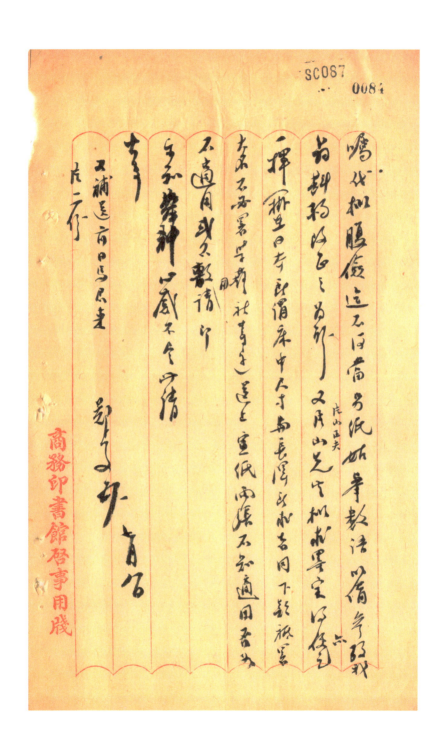

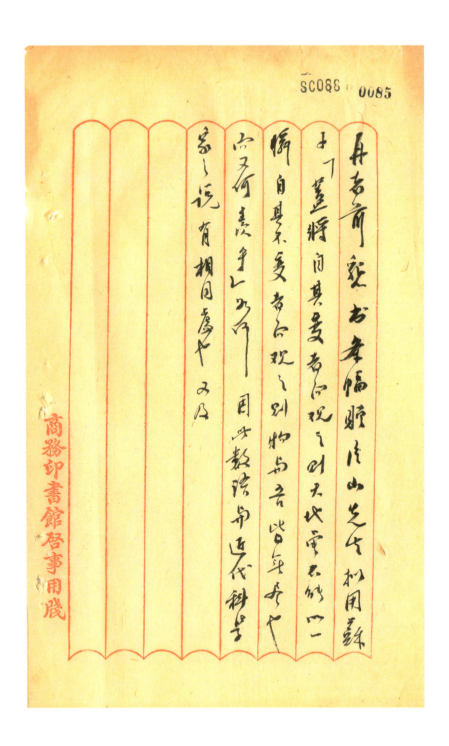

商務印書館啓事用牋

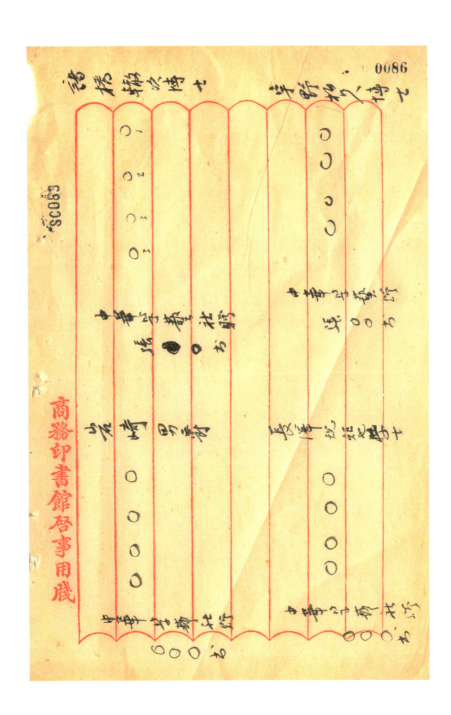

商務印書館啟事用牋

（2）郑贞文致张元济函（〔1929年〕9月6日）

菊翁赐鉴：

　　大示诵悉。法书裱法，经与黄蔼农①先生接洽，拟样如另纸送上，乞核查。前马君来信②，宇野博士亦要一份，并请求与送静嘉堂者一律（附呈马信两封五月廿九日、卅日，阅毕掷还为盼）。此次帮忙，宇野最为出力，对于我翁尤为钦仰。前此草稿什袭藏之，原约另书一份与易，似不能不同时寄去，兹另画一纸格送上，恳拔冗一挥。

　　又，学艺社所送横额最好亦能同时交去。至敝业师片山先生之件，则不必急也。马君处款业于三十一日电汇。前由手续上偶有脱漏，误为已寄。嗣得马电，始行汇往。送上函底三份察收。此请

大安

郑贞文

九月六日

外条幅一包。

---

　　①　黄葆戊，字蔼农，号邻谷、破钵，别署青山农。早年毕业于上海政法学堂，曾任安徽政法学堂教习、福建省立图书馆馆长。1920年初居上海，先经章梫介绍进爱俪园，整理金石拓片，进商务印务馆为美术部主任。同时，还兼任《中华新报》副刊《文苑》主编、上海美术专科学校国画系主任及上海大学书画系教授等职。

　　②　见附件：马宗荣致郑贞文函（1929年8月28日）。

菊生村賜鑒 大示誦悉 屬書裱隔經呈黃蔼農

先生僉信擬樣又另紙送上乞揀查前馬君來

信手頭博士此事一乔並請求而送靜嘉堂言

一律（附呈馬信兩件自當懷還之外）此次幫忙字惯者為生力對於

我輩修仰耑毋幸稿件擬藏之亟當另書一

仰亦易似不然不令貝侍古去古為畫一紙栝送

上懇擇包一揮又垂都祇此送横頜甚好六帋同

時多寄至都書師作此先生一件似不至意也馬呈

SC120　　0116

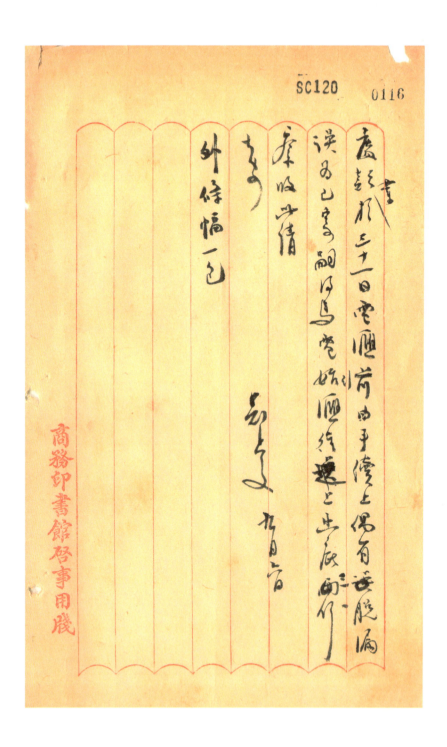

虑甚所三十一日电函前由手偿上偶有些脱漏
误为已寄嗣得鸟电娇函待速之出版函行
奉收此情
莘
外侪幅一包

附件 1：马宗荣致郑贞文函底（1929 年 8 月 28 日）

[18/8/28 来]

心南学长：

　　两电敬悉。东洋文库①之书，弟原意亦以为宜照原大。后得尊电，不期与弟意相同。已转知户塚氏②着手拍照矣。专此，即颂
近安

小弟马宗荣上
十八年八月二十八日

---

① 东洋文库，日本汉学研究图书馆，1948 年成为日本国立国会图书馆分馆。
② 汤岛写真场户塚正幸。

SC132

心南學長

兩電敬悉〇東洋文庫之書，弟原意亦以爲宜照原大〇後得尊電，不期與弟意相同〇已轉知戶塚氏着手拍照矣〇專此

即頌

近安

小弟馬宗榮上

十八年八月二十八日

商務印書館啓事用箋

本館自製華文打字機

附件 2：马宗荣与郑贞文来往电底（1929 年 8 月 30 日）

［18/8/30 来］

十八年八月三十日马宗荣来电

请速汇款。马。

同日郑心南覆电

汇上日金千三百元，请向川崎第百银行①支取。郑。

---

① 1927 年，第百国立银行与川崎银行合并成为川崎第百银行，1943 年并入三菱银行。

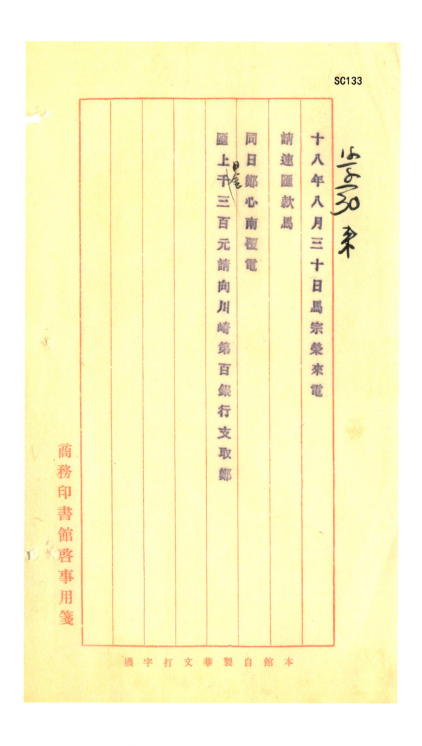

十八年八月三十日馬宗榮來電

請速匯款馬

同日鄭心南覆電

匯上千三百元請向川崎第百銀行支取鄭

商務印書館啟事用箋

本館自製華文打字機

附件 3：马宗荣致郑贞文函底（1929 年 8 月 30 日）

［18/8/30 来］

心南学长：

今日发上一电催款，谅可收到。未卜以前函请汇之款已汇出否？若未汇出，请即汇出接济。因此地几无存款故也，因支付一部分预付金之故。兹寄上《新唐书》照片 318 枚、《陈书》重照片 25 枚，计扎成二包，至乞查收是荷。《陈书》因静嘉堂不许再展开照，故有一部分系用二分之一八折片照半页。盖该部分不便用八折片故也。照价每张 25 钱，因重照关系，户塚只收 12.5 钱，即照书一页合价 25 钱，较之用八折片照贵五钱耳。幸其数无多，未卜有碍否？附入此信中寄上收据四纸：一为重照《陈书》25 页全费 6 元 25 钱；一为《山谷外集》137 页全费 54 元 80 钱；一为八月份去静嘉堂车费、食费等杂费 23 元 18 钱；一为《新唐书》318 枚全费 127 元 20 钱（第十二次）。请注意，此次《新唐书》之收据为全费收据。至所以独对此次《新唐书》照片开支全费之故，因此次之片系由户塚氏雇其他匠人临时代专用匠人所照，故作特别会计开支全费，俟以后照完时，再总结算可也。余言后叙。顺颂

近安

小弟马宗荣上
十八年八月三十日

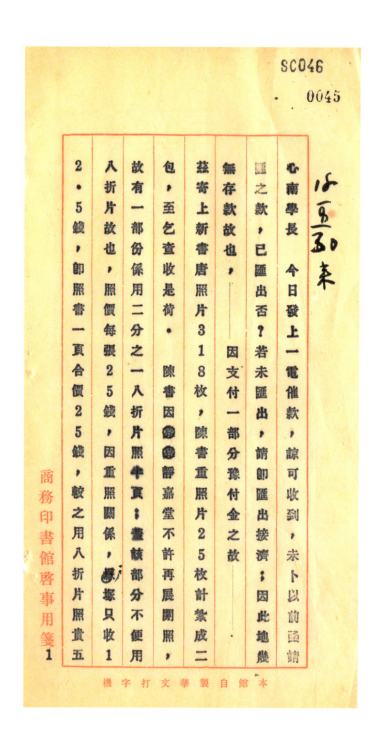

心南學長　今日發上一電催款，諒可收到，未卜以前函請

匯之款，已匯出否？若未匯出，請即匯出接濟；因此地幾

無存款故也，　　因支付一部分豫付金之故．

茲寄上新書唐照片318枚，陳書重照片25枚計裝成二

包，至乞查收是荷．陳書因●●靜嘉堂不許再展開照，

故有一部份係用二分之一八折片照半頁；盡該部分不便用

八折片故也，照價每張25錢，因重照關係，●塚只收1

2·5錢，即照書一頁合價25錢，較之用八折片照貴五

商務印書館啟事用箋1

本館自製華文打字機

錢耳，幸其數無多，未卜有礙否？

附入此信中寄上收據

四紙：一為重照陳書25頁全費6元25錢，一為山谷外

集13頁全費5元80錢，一為八月份去靜嘉堂車費

食費等雜費23元18錢，一為新唐書3元8枚全費（24）1

27元20錢（第十二次）請注意此次新唐書之收據為全

費收據：至所以獨對此次之新唐書照片開支全費之故，

因此次之片係由戶塚氏雇其他匠人臨時代專用匠人所照

，故作特別會計開支全費，俟以後照完時，再總結算可也

商務印書館啟事用箋2

本館自製華文打字機

SC048
0047

，餘言後敍，順頌

近安

小弟馬崇榮上

十八年八月三十日

商務印書館啓事用箋 3

本館自製華文打字機

(3) 郑贞文致张元济函（〔1929 年〕10 月 8 日）

菊翁赐鉴：

来示敬悉。学艺社横额承即挥毫，至感。纸四张已裁好，题字前曾拟若干，附七月八日函送上，未知尚检得出否（承掷八日函未附此底）？如在尊处，请酌选数语一用。敝处已无留底，一时记忆不出。如已遗失，示知再拟。款式拟从普通横额，上下款拟照马君所开。附呈马君函底，即请察核。此请

大安

郑贞文

十月八日

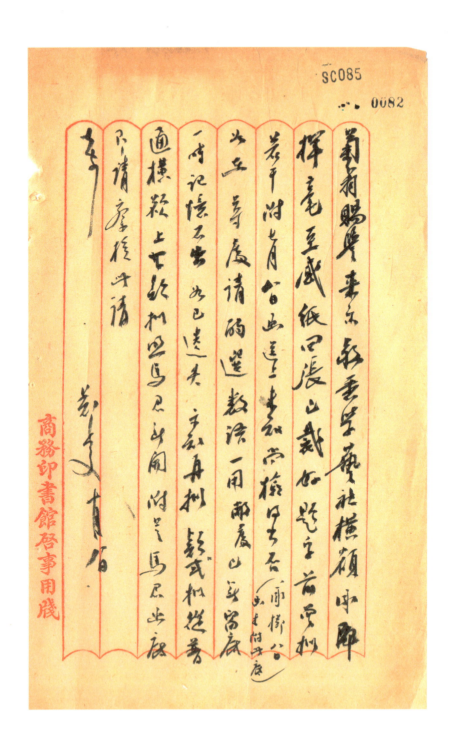

附件：马宗荣致郑贞文函底（1929年5月30日）

心南学长：

　　兹寄上三角镜二个及照相具（镜头未购获）收据一纸。《古今小说》八折片248枚。《新唐书》《诗集传》八折片264枚之后补半费收据各一纸。《论语》二百七十一枚后补费收据一纸。五月份杂费收据二纸。四五月份杂费之补遗费收据一纸。共计六纸七页。至乞查收示覆是荷。

　　内《古今小说》及《新唐书》《诗集传》之后补半费，若尊处业已用户塚氏名义汇出，仍请记入尊处用汇票支付与户塚帐内。其他三角镜及照相具费，《论语》后补半费，五月份杂费，四五月份杂费之补遗费四项，均系由尊处寄存弟处款内直接发付，请分别记帐是荷。

　　宇野先生所要之长歌，可书作横物，大小以静嘉堂者为标准。此外请菊生先生另书四纸，每纸各书四字，下款书"中华学艺社赠""张元济书"字样，上款一书"宇野哲人博士"，一书"诸桥辙次博士"，一书"岩崎男爵"，一书"长泽学士"寄来。此亦渠等托旁人泄意所欲要者。至所题之四字，请菊生先生费心编撰。又此四纸之裱装费，当以由社中担负为正当也。

　　余容后陈。顺颂
著安

小弟马宗荣上

十八年五月三十日

　　此地所存尊款无几。此后须预为契约之书甚多，且实际上已由弟处直接补给后补半费。需款孔多，盼速斟酌汇款接济。

　　外"受取书"六纸计七页。

心南学长

兹寄上三角钱二個及册相具（鏡頭未購獲）收據一纸

：古今小說八折片2・4・8枚，新唐書詩集傳八折片2・6・4

枚之後補牛費收據各一纸；輪船二百七十一枚後補運費收據

◎一纸；五月份雜費收據二纸，四五月份雜費之補運費收

據一纸：共計六紙七頁。至乞查收示覆是荷。

內古今小說及新唐書詩集傳之後補牛費，若嘗處棄

已用戶塚氏名號匯出，仍請記入

嘗處用匯票支付與戶塚

商務印書館啓事用牋

帳內，其他三角鏡及冊相具費，論語後補半費，五月份雜

費，四五月份雜費之補遺費四項，均係由　傅處寄存弟處

款內，直接撥付，請分別定帳是荷。

宇野先生所要之長歌，可曾作稿數，大小以靜嘉堂者

發標準。此外請　龜井先生另書四紙，每紙各書四字，下

款書中華學藝社贈張元濟書字樣，上款一書宇野哲人博士

一書諸橋轍次博士，一書岩崎男爵，一書長澤學士寄來，

此亦須等託勞人注意所欲要者。至所繃之四字，請繕生

商務印書館啓事用牋

本館自製華文打字機

061

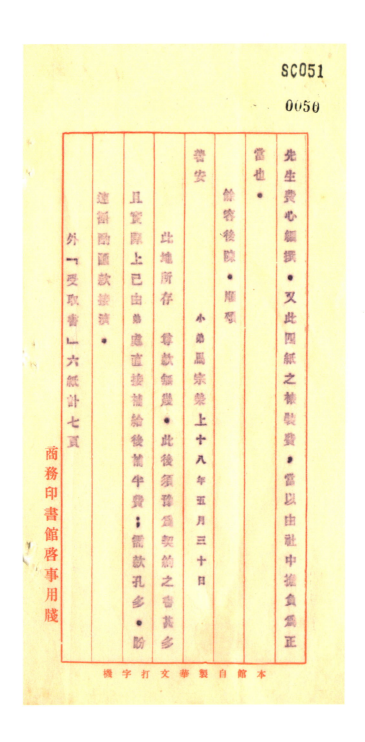

先生费心编撰。又此四纸之样制费，当以由社中摊算为正

当也。

餘容後陈。顺颂

着安

　　　　　　小弟凤宗桑上十八年五月三十日

此地所存　尊款无几。此後须预备契约之费甚多

且实际上已由弟處直接补给後萧牟费；需款孔多。盼

速斟酌面款接济。

外「受取书」六纸计七页

商务印书馆启事用笺

10．胡适[*]

胡适致张元济函（1930 年 7 月 13 日）

菊生先生：

我译的白朗宁^①的诗，只有二篇曾发表过，今抄出奉上。尚有一篇，系早年用古文译的，一时检不出了。

又闻一多、徐志摩二君有译白朗宁夫人^②的情诗二篇（见《新月》第一卷第一号），闻君译了二十一首（见《新月》第一卷一、二号），徐君作解释，皆甚用功，也送上。

胡适

十九、七、十三

---

* 胡适（1891—1962），曾用名嗣穈，字希疆，学名洪骍，后改名适，字适之。籍贯安徽省绩溪县，生于江苏省松江府川沙县（今上海市浦东新区）。曾领导新文化运动。

① 罗伯特·布朗宁（Robert Browning，1812—1889），英国诗人、剧作家。

② 伊丽莎白·巴雷特·布朗宁（Elizabeth Barrett Browning，1806—1861），英国维多利亚时代女诗人。

0097

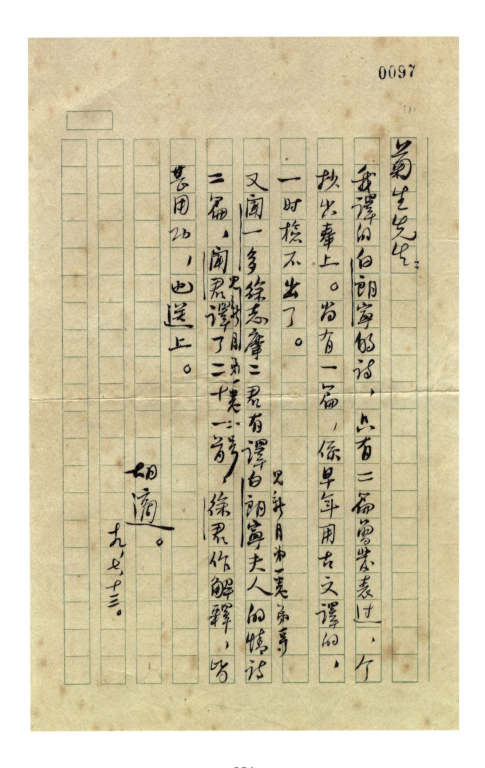

菊生先生：

我译的白朗宁的诗，此有二篇曾发表过，一个

抄出奉上。尚有一篇，係早年用古文译的，

一时检不出了。

又闻一多徐志摩二君有译白朗宁夫人的情诗

二篇，闻君译了二十一首，徐君作解释，皆

曾用的，也送上。

　　　　胡适。

　　　　九七十三。

又：此月第一卷亦奉

寄。

11．刘藜仙

张元济致刘藜仙函稿（〔1934 年 1 月〕）①

收信人：刘宝春〔书〕　　地址：成都老玉沙街十号

藜仙先生大鉴：

本年一月十六日接奉上年十二月三十日惠函，辱荷注存，奖饰逾量，读之惶悚。敝馆于廿一年八月即将四川路办事处取销，迁至河南路敝发行所恢复营业。书来万里，时越一年，未误洪乔，此为幸耳。敝馆复业后，对于固定职志，为全国赞助教育发扬文化，与当局在事诸君群策群力，逐次进行，今已渐有成效。而东方图书馆关系重要，同人等既不甘任其湮没，又承各界责望指导，亦于去秋组立复兴东方图书馆委员会，延聘国内外名流，共同集事。兹将此事发起及会议章程之一切印刷品检取全份，另邮呈览，当足为大雅告慰，尚希有以教之。承示藏有抄本《聊斋》十册，拟属印行。商之馆中主者，以此时赶印大部书籍，工作正繁，且尊示书已缺少两册，未为完全，印出后亦难得销路，以此不克承命。至吕晚村《四书语录》等书，未尝无流传价值，但敝馆既无暇付印。〈下缺〉

---

① 本函中有"于去秋组立复兴东方图书馆委员会"语，该委员会于 1933 年 4 月 29 日设立，故此信当书于 1934 年初。刘藜仙名宝书，信移作"宝春"，系误。

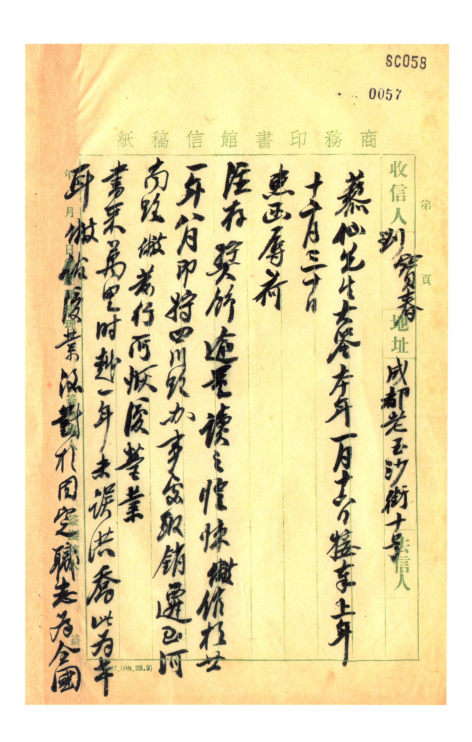

紙稿信館書印務商

年
月
日　總經理　經理
簽核稿人
簽擬稿人
簽

贊助教育藝揚文化與商務在事諸君

舉策群力逐次進行今已漸有成効而

東方圖書館亦舉垂垂見等既不甘任其

湮没之外為粵奪盛指導宗旨去我但立

僑興東方圖書館委員會延聘團員辦法

流共同集事並於此事募起及金改立

就之而印刷点檢取全條庶另鈔呈

白(387,500,2○)

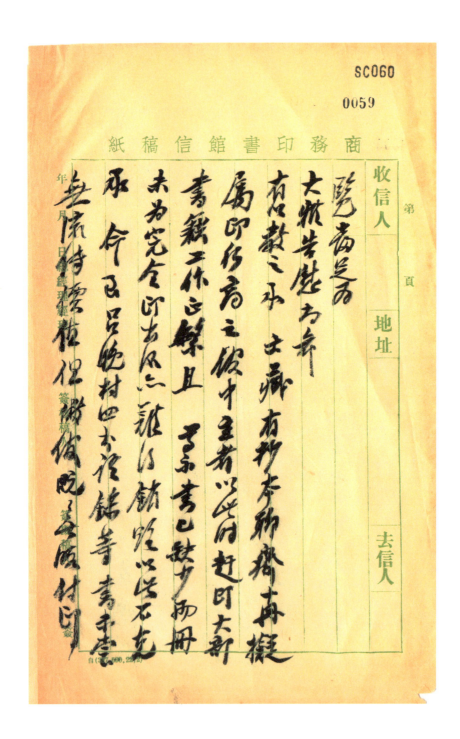

商務印書館信稿紙

收信人

地址

去信人

第　頁

年　月　日

12．朱希祖*

(1) 朱希祖致张元济函（〔1934年〕4月15日）

菊生先生左右：

此次过沪，两次晋谒，畅谈甚快。委代购乾隆刻本《二南训女解》［请代购。］四册，洋十六元，要否？成化本《宋史》［不知印本如何。］现确查缺本纪卷二十三至二十九共七卷，又缺列传卷一至八共八卷，两共缺十五卷。中经学人略用墨笔点记，［请索动笔最多者数册寄下一阅。］颇似统计，不恶不俗，似明人手笔，亦不甚多。现磋商减至三百六十元，共一百五十八册。如合用，乞示知，各将全书寄来。专此，敬颂
道安

弟朱希祖敬上

四月十五日

［南京竺桥大悲巷五号］

---

* 朱希祖（1879—1944），字迪先，浙江海盐人。17岁中秀才，1905年留学日本，毕业于早稻田大学史学系。1913年为教育部起草国语注音字母方案，历任北京大学预科教员、中国文学系主任兼史学系主任（1918—1926），清华、辅仁大学教授，中央研究院研究员，中山大学教授兼文史研究所所长，中央大学历史系主任（1934—1940），考试院考选委员会委员等职。

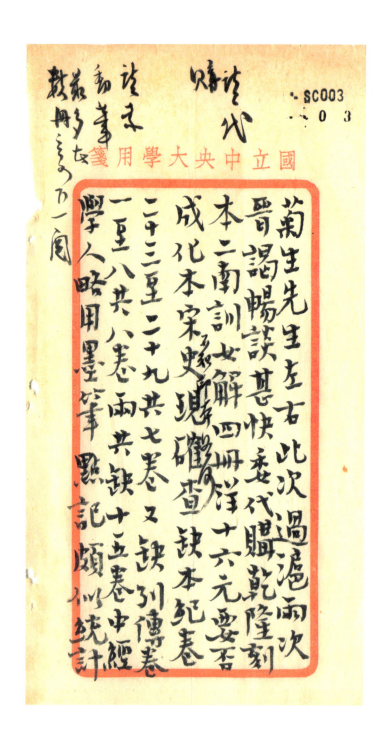

國立中央大學用箋

菊生先生左右此次過滬兩次
晉謁暢談甚快委代贖乾隆刻
本二南訓女解四冊洋十六元要否
成化本宋史現經確查缺本紀卷
二十三至二十九共七卷又缺列傳卷
一至八共八卷兩共缺十五卷中經
學人略用墨筆點記頗似統計

諸不
為事
教荊彫多又一周

國立中央大學用箋

不惡不俗似明人手筆六不甚多

現碼商減至三百六十元共一百

五十八冊如合用乞示知各將全

書寄來事此敬頌

道安

　　　弟朱希祖敬工

　　　四月十五日

南文管櫃 方丱卷二二三

（2）朱希祖致张元济函（1934 年 4 月 29 日）

菊生先生左右：

　　日前接读复函，适卧病数日，未即裁答为歉。《二南训女解》四册已代购。成化本《宋史》兹取得四册寄上。一为首册，一为无点之册，其他二册点记最多。据藏者言，全书点者十之一二，不点者十之七八，原共一百六十册，今存一百五十八册。又云查旧帐，其祖购入时，价洋八百元，今少二册，价已减半，而又欲减，未免大苛。此四册审查后，如合意，祈即示知，以便将全书寄上，其款祈由南京商务分馆代付；如不合意，请即寄回，以便缴还。李聿求《鲁之春秋》如已印好，祈寄样本一份，俾与敝藏稿本一对，然后印刷，未知可否？且拟作序一篇，以附骥尾。此间有初印乾隆《热河志》一部三十六册、嘉靖本《山海关志》十卷四册，两种实价共洋一千二百元。前年北平东方文化图书馆得一抄本《热河志》，洋八百元。以此衡之，尚不算贵，惜无力购也。敬颂

道安

弟朱希祖敬上

四月廿九日

　　　　［23/5/1 复。］

國立中央大學用箋

菊生先生左右日前接讀
復函適卧病數日未即裁答
為歉二南訓女解四冊已代
贈咸化本宋史兹取得四冊
寄上一為首冊一為無點之
冊其他三冊點記最多據藏

國立中央大學用箋

者言全書點者十之二三不點
者十之七八原共一百六十册今存
一百五十八册又云查舊帳其初
賠入時價洋八百元今卅二册價
已減半而又欲減未免太奇此
四册審查後如合意祈即示知

以便將全書寫以上　其繳祈由電寄
高銘分館此付　如不合意請即
寄回以便轉遞　李書亦魯先
春秋如已印好　祈寄樣本一份俾
與散藏稿本　一對照及印刷
未知可否且擬作序一篇俾以附驥

國立中央大學用箋

庶冊間有　初印乾隆熱河志一
部三十六冊　嘉靖本山海關志十
卷四冊兩種　實價共洋一千二百
元前年北平東方文化圖書館得
一冊熱河志洋八百元　貴處可賣得無可賣贈之歉議

道安

　　弟朱希祖拜上　四月廿九日

(3) 张元济复朱希祖函底（1934 年 5 月 1 日）

录廿三年五月一日张菊翁覆朱逷先先生函

奉四月廿九日手教，谨诵悉。《二南训女解》四册顷已奉到，镌印俱精，甚感盛意。《宋史》四册亦阅过，印本甚迟，视涵芬楼现存两部均不及，将来不能参备影印之用。遵属即速寄还，仍托南京分馆缴上，敬乞察收。费神，不胜感谢。大著《史学丛著》，敝同人拟乞借阅全稿，如蒙允许，甚幸。《鲁之春秋》稿我兄欲假阅并为撰序，容即转商李君。内子久病，近极危迫，不克多述。

《山海关志》单购若干，乞探示。

SC137

錄廿三年五月一日張菊翁覆朱逖先先生函

奉四月廿九日手教譜謳悉二南訓女解四冊頒已奉到鎬印俱

精甚感盛意宋史四冊亦閱過印本甚遲祗涵芬樓現存兩部均

不及將來不能參備影印之用遵囑卽速寄還仍託南京分館繳

上敬乞鑒收費神不勝感謝大著史學叢著敝同人擬乞借閱全

稿如蒙允許甚幸魯之春秋稿我兄欲假閱並爲撰序容卽轉商

李君內子久病近極危迫不克多述

山海關志單購若干乞探示

(4) 朱希祖致张元济函 (1934 年 10 月 10 日)

菊生先生左右：

暑假中曾托何柏丞①先生转呈《鲁之春秋》序及校记，想已达览。大驾想已旋沪，十四日拟来府请益，[午后四五句钟尤便。]祈速赐示，以定行止。专此，敬颂
道安

弟朱希祖敬上

十月十日

[23/10/11 复。]

---

① 何炳松（1890—1946），字柏丞，金华人。教育家、历史学家。浙江高等学堂毕业，留学美国威斯康星大学和普林斯顿大学，专攻史学，获硕士学位。回国后任教北大。曾任商务印书馆副经理、暨南大学和英士大学校长。主编《中国史学丛书》《教育杂志》等，著有《新史学》《中古欧洲史》《近世欧洲史》等。

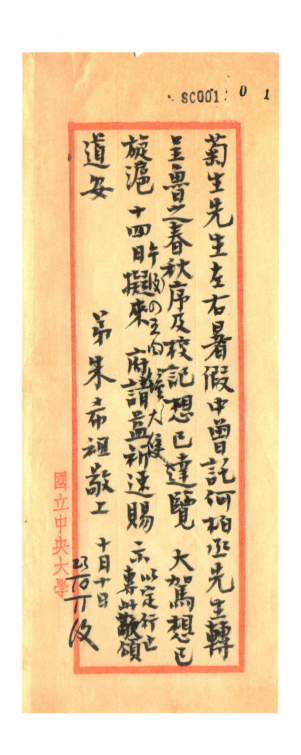

菊生先生左右暑假中曾託何柏丞先生轉

呈魯之春秋序及校記想已達覽 大駕想已

旋滬 十四昨擬來 府謁盖祈速賜 示以定行止

道安

弟朱希祖敬上 十月十日

國立中央大學

（5）朱希祖致张元济函（〔1934年〕10月20日）

菊生先生左右：

前接十月十五日函，敬悉壹是。廿三日造府之约又须展期，因此日拟偕友人至南京附近考察萧梁陵墓碑刻^①，故未能到沪。然不久总拟赴沪一次，届时再当奉闻。前在《明诗综》等各总集中辑彭茗斋先生^②诗一百一十余首，此册现在北平，未曾携来，一时未能应命。茗斋先生生日为明万历四十三年乙卯六月十一日，因前曾草一《茗斋先生年谱》，考得两种证据，定为此日。王渔洋撰传谓公年五十九卒，则为清康熙十二年癸丑，但卒之月日则未曾考得。当时所草年谱，因未得全集，事实太少，未能成书，将来颇拟续成。兹先由邮局寄上《旭楼丛刻》六册稿本，系小女倓^③所撰辑，请介绍于商务印书馆出售版权，务祈照拂为荷。专此，敬颂

道安

　　书目及《金粟寺志》当亲奉还。

弟朱希祖敬上

十月二十日

---

① 朱希祖时任中央大学历史系主任，与其子朱偰等赴南京郊外考察，翌年出版《六朝陵墓调查报告》。

② 彭孙贻。

③ 朱倓，朱希祖长女，罗香林妻。

國立中央大學用牋

菊生先生左右前接十月十五日函敬悉壹是

廿三日造

府之約又須展期因此日擬偕友人至南京附

近考察蕭墓陵碑刻故未能到滬然不久

總擬赴滬一次屆時再當奉聞前在明詩

綜等各總集中輯鬲茗齋先生詩一百一十

餘首此冊現在北平未曾攜來一時未能應

命茗齋先生日爲明萬曆四十三年乙卯

六月十一日因止前幽目草一名齋先生年譜考得

兩種證據定為此日王漁洋撰傳謂公年五十九

卒則為清康熙十二年癸丑但卒之日則未曾

考得當時所草年譜因未得全集未事實頁太

少未能成書將來頗擬續成兹先由郵局寄上

旭樓叢刻六冊稿本係此女候所撰輯請介紹於

商務印書館出售版權務祈照拂為荷專此敬頌

道安　　書目及全票
　　　寺志當覓奉還
　　　　弟朱希祖敬上　十月二十日

083

（6）朱希祖致张元济函 （〔1934 年〕10 月 23 日）

菊生先生左右：

　　快函敬悉。十四日之约，因事拟展缓，兹定于本月二十二日①星期一午后造府请益。先此奉闻。敬颂

道安

弟朱希祖敬上

十月二十三日

---

　　①　　指农历九月二十二日，即公历 10 月 29 日。

菊生先生左右 快函敬悉 十四日之約因事

擬展緩 茲定於本月二十二日星期一午後造

府請盍先此奉聞敬頌

道安

弟 朱希祖敬上 十月二十三日

（7）张元济致朱希祖函稿（〔1934 年 10 月〕①）

逖先先生有道：

奉本月二十日书，知有访碑之行，不克来沪，良觌中阻，怅望奚似。《旭楼丛刻》稿本六册，先已由邮局递到，展阅一过，斐然可诵，具征家学渊源。来示属售版权，遵即转送敝公司，俟有覆信再奉达。承示茗斋先生生卒年分，至感。渔洋撰传，带经堂各文集中，未知见于何书，尚乞查示。弟近辑《茗斋诗集》，起天启丁卯，迄康熙癸丑，中缺戊寅、己卯、庚辰三年，前后仅缺三年，当先生廿五至廿七岁，蒐补恐复无望。此书出版，年谱当可增益不少。

---

① 本函无日期，依据前 10 月 20 日朱希祖来信确定。

邀先生命道康邮寄二十首

香秋有诗碑主行而尚未浼属觐早泄此

先奎似地楷素刻稿年六五先已由邮寄

匠到屋阁一逼叒幽弓诵　其傲
　　　　　　　　　中秋戊言弓尔屋辰三年
　　　　　　　　　起弓经不述差巡豋迁

家学渊源❶涌

未云务鲁路椿邑所稿送村弓因偁者
　　　　　　　　　　　　　　　　　起弓

屋修五奎迁五云名之尚先七先年年分樾咸泾

泽揭信荐寺奎奎名文集中孝视见榸佞差为忌

加迪辞咸差孝勋集前事勋佞殊三三年有先生廿五百英歲

郫牛十党询巳涛乡二先此王出版年后尚于偁㲀尽五尔

（8）朱希祖致张元济函（1934 年 11 月 22 日）

菊生先生左右：

前日造府，畅聆教言，甚快。今日接得大札，并附商务印书馆信，敬悉拙作①已承介绍，不胜感谢。馆信所示各点，俟该书寄到后，再斟酌修正，加以标点，且尚拟补入五六条，再行寄奉可也。《广东十三行考》当与本人②商酌，盖彼恃此补助留学日本费用，恐非售稿不可也。《彭茗斋先生传》如不在四大册之内，或在二小册内，祈再一检。敝处借抄数册，尚在北平，一时不能取到，略有善本，亦在北平，皆寄存东交民巷德国银行。冬假拟至北平，或可移南也。上半年来沪，曾奉览宋本《周礼》，颇蒙欣赏。此书颇拟出让，可否介绍于涵芬楼，且求代定价格。因买书太多，无以为继，只好割爱也。承代借知不足斋抄校本《伪齐录》一册，业已收到，如奉拱璧，急拟细校一过，即当奉还。鲍本大致与缪刻本③相同，脱误太多，幸此书散见于《三朝北盟会编》及《建炎以来系年要录》甚多。《大金吊伐录》亦有多篇可校。现拟作一《伪齐录校证》，校其异同，证其谬误，且补其脱文数十条，将来可呈政焉。《海盐先哲书目》及《金粟寺志》今由邮局奉还，谢谢。专复，敬颂

道安

弟朱希祖敬上
十一月二十二日

［23/11/24 复。］

---

① 指《杨么事迹考证》。
② 指朱希祖学生梁嘉彬。
③ 明嘉靖缪辅刻本。

國立中央大學用牋

菊生先生左右前日過

府暢聆

敎言甚快今日接得

大札並附商務印書館信敬悉拙作已承介紹

不勝感謝館信所示各點俟護書寄到後

耳斟酌修正加以標點且尚擬補入五六條再

行寄奉可也廣東十三行考當與本人商酌

蓋彼持此補助留學日本費用恐非催旦福不

國立中央大學用牋

可也彭茗齋先生傳如不在四大冊之內或在
二小冊內祈一檢敬處借抄數冊尚在北平
一時不能取到略有善本亦在北平皆寄存東
交民巷德國銀行冬假擬至北平或可移南也
上半年來滬曾奉覽宋本周禮頗蒙欣賞
此書頗擬出讓可否介紹於涵芬樓且系代定
價格因買書太多無以為繼只好割愛也
承代借知不足齋鈔校本僞齊錄一冊業

國立中央大學用牋

已收到如奉拱璧急擬細校一過即當奉

還鮑本大致與繆刻本相同脫誤太多辜此

書散見於三朝北盟會編及建炎以來繫年

要錄甚多大金弔伐錄亦多有筆可校現擬

作一偽齊錄校證校其異同證其謬誤且

補其脫支數十條將來可呈正焉海鹽先哲書

目及金粟寺志今由郵局奉還謝謝專復敬頌

道安

　　　弟朱希祖敬工　十二月三十日

（9）朱希祖致张菊生函（1934 年 11 月 27 日）

菊生先生左右：

　　顷接大札，敬悉壹是。王渔洋撰《彭茗斋先生传》，未知已寻得否？盖在某卷之末，必可翻得焉。拙著《杨么事迹考证》，已加句读，又添补六段序文，已将时事删去。然作书之旨稍晦，阅者亦未能引其注意，能不改原文最好，如必欲改，亦无不可也。前定稿费百七十元，可否代恳增至二百元？盖图表不可以字数算也。如不能增，亦不必计较。如能接受，尚有不情恳求三事：一、书用中国式、中国纸；二、字稍大；三、末次校对，望寄来自校，且能于三个月内提前出版，尤所欣愿。费神之处，容后面谢。《伪齐录》各本脱误皆多，增补改正不少。作者杨尧弼无传记可考，且有误作克弼者，今搜辑事迹，为作传一篇。伪齐宰辅书中全部错乱，排比考证为作《伪齐宰辅年表》一篇。专此敬复，顺颂

道安

　　《杨么事迹考证》一书由邮寄上。

弟朱希祖敬上

十一月二十七日

〔呈岫庐①先生台阅，乞核示。张元济。23/11/28〕
〔23/11/30 复。〕

---

　　①　王云五。

菊生先生左右頃接

大札敬悉臺是王漁洋撰彭芸齋先生傳

未知已尋得否蓋在某卷之末必可繕得焉

批著楊氏事迹考證已加句讀又添補六段序

文已將時事刪去照作書之旨詒晦閱者亦

未能引其注意能不改原文最好如必欲改亦

無不可也前定稿費百七十元可否代懇增至二
如不能增亦不必計較

百元蓋圖表不可以字數算也如能接受尚有

SC017
0016

國立中央大學用牋

不惰懇求三事 一書用中國式中國紙二字稍

大三末次校對望寄來自校且能於三個月

內提前出版尤所欣願費神之處容後面謝

偽齋錄各本脫誤皆多增補改正不少作

有楊堯彌無傳記可考且有誤作克彌者

今搜輯事蹟為作傳一篇偽齋宰輔書中

全部錯亂排比考證為作偽齋宰輔年表一篇

道安　楊公事蹟考證　專此敬复夏順頌

弟朱希祖敬上　十二月二十七日

一書由郵寄呈上

43/11/30 收

（10）张元济复朱希祖函底（1934 年 11 月 30 日）

录廿三年十一月三十日张菊翁覆朱逖先先生函

奉十一月廿七日手教，谨诵悉。大稿亦收到，遵即转致敝馆总经理王君，顷得覆信，谨附呈，并附印就契约两纸，乞察核。《伪齐录》可从容校阅，不必亟亟发还。王渔洋撰《彭茗斋传》已检得，果在小册抄本中。

錄廿三年十一月三十日張菊翁覆朱遜先先生函

奉十一月廿七日手教謹誦悉大稿亦收到遵即轉致敝館 並附印就契約兩紙

總經理王君頃得覆信謹附呈乞察核偽齋錄可從容校閱

不必亟亟發還王漁洋撰彭茗齋傳已檢得果在小冊抄本

中

商務印書館啟事用牋

(11) 朱希祖致张元济函（1934 年 12 月 7 日）

菊生先生左右：

  《伪齐录》业已校毕，用鲍抄校本①及《三朝北盟会编》《建炎以来系年要录》《大金吊伐录》《大金国志》详校。鲍本与缪刻本大致相同，小有出入，足资互较。鲍本误字尤多，而脱去约千数百字（两本相同），幸赖《会编》等书补出，可谓一大快事。特作《校勘记》二卷，已脱稿。又撰作者《杨尧弼传》一篇。尧弼虽仕伪齐，然其心专以考察史事而去，齐使其至金乞师共同侵宋，尧弼托病辞而不去。后金废齐，又仕金，说金以齐地及梓宫归宋，金左副元帅挞懒竟行其计，尧弼逐得与齐地河南、陕西同归于宋，乃为宋官，撰《伪齐录》。自宋以来，伪齐史事全赖此书以传，故尧弼之为人颇有关于当时大局。《宋史》不为立传，其事迹散在各书，全赖钩稽而得。又《伪齐录》转辗传抄，删节脱误不一，其中伪齐宰辅尤为错乱，不可猝理。兹为详考数书，理其除授年月，撰《伪齐宰辅（左丞相、右丞相、左丞、右丞、门下侍郎、枢密院）年表》一篇。又《杨尧弼自序》一篇，鲍本、缪刻皆脱，兹从《会编》中获得，以弁诸首。其他本书名称异同及其中须考证而始知误者，皆散见于《校勘记》及拙作序中。故此书虽为校勘，实兼考证，拟定名为《伪齐录校证》。未知可以出版否？兹将鲍氏抄校本《伪齐录》一册由邮局寄至尊处，祈代还于商务印书馆。费神，谢谢。《杨么事迹考证》稿费及梁氏《广东十三行考》稿业已寄来，照收无误。专此敬布，顺颂

---

  ① 清安徽歙县鲍崇城抄校本。

道安

弟朱希祖敬上
十二月七日

[23/12/10 复。]

菊生先生左右頃齊錄業已校畢用鮑

抄校本及三朝北盟會編連柔以來繫年

要錄大金弔代錄大金國志詳校鮑本與

繆刻本大致相同（兩本相同）小有出入是資互較而

鮑本誤字尤多而脫去約千數百字專賴

會編等書補出可謂一大快事特作校

勘記二卷已脫稿又撰作者楊堯彌傳

一篇堯孤覉仕偽齊然其心專以考察

國立中央大學用牋

史事而去齋便其至金乙師共同侵宋竟
鄉託病辭而不去後金廢齊又仕金說金
以齊地及樟官歸金左副元帥遷懶覓行其
計竟鄉遂得與齊地河南同歸於宋乃為宋
官撰偽齊錄自宋以來偽齊史事全賴此書
譯故竟鄉之一為人頗有關於當時大局案
史不為立傳其事蹟散在各書全頗鈎稽
而得又偽齊錄輾轉傳抄刪節脫誤不一

其中偽齊軍輔尤為錯亂不可猝理兹為詳

考數書理其除撰偽齊軍輔 左延相右 郎框密院年表一篇又楊堯彌自序一篇鮑

本經刻皆眡兹從會編中獲得以并諸首

其他本書名稱異同其中 及 須攷證而始知

誤者皆散見於校勘記及地作序中攷此書

難為校勘實兼考證擬定名為偽齊錄

校證未知可以出版否兹將鮑氏卅校本偽

101

國立中央大學用牋

齊錄一冊由郵局寄呈

尊處祈代還於商務印書館費

神謝之楊公事迹考證稿費及梁氏廣

東十三行考福業已寄來照收無誤專此

敬侍順頌

道安

弟朱希祖敬上

十二月七日

（12）朱希祖致张元济函（1934 年 12 月 13 日）

菊生先生左右：

　　前日接读大札，敬悉壹是。鲍氏抄校本《伪齐录》业蒙收到代还，不胜感谢。拙作《伪齐录校证》并朱笔补正缪刻《伪齐录》，遵命由邮局挂号寄上。惟是书系校正善本性质，如亦列入历史小丛书，未知适宜否？鄙意仍拟售版权，因抽版税太琐碎，颇不耐烦也。敬祈与商务印书馆婉商。如不合用，即请寄回。万一合用，则又有一事须声明于前，即朱笔补正缪刻本，尚须寄回过录一本。因弟正拟撰《伪齐国志》①，此本校补之处，正须引用。此间未留稿本，若待此书出版后再引用，则未免太久，故必须过录一本，然后将原本再行奉上，决不妨碍版权也。专此，敬颂
道安

弟朱希祖敬上

十二月十三日

［23/12/19 复。］

---

　　① 朱希祖《伪齐国志长编》十六卷，未刊。

國立中央大學用牋

菊生先生左右前日接讀

大札敬悉臺是鮑氏抄校本僞齊錄業

蒙收到代還不勝感謝批作僞齊錄校

證並朱筆改正繆刻僞齊錄遵

命由郵局掛號寄上惟是書係校正善

本性質如亦列入歷史小叢書未知適宜

否鄙意仍擬售版權因抽版稅太瑣碎頗

不耐煩也敬祈與商務印書館妮商如不

23/12/19 收

國立中央大學用牋

合用即請寄回萬一合用則又有一事須

聲明於前即朱筆補正繆刻本尚須寄

回過錄一本因弟正擬撰偽齊國志此本

校補之處正須引用此間未留稿本若待

此書出版後再引用則未免太久故必須

過錄一本然後將原本一耳行奉上決不妨礙

板權也專此敬頌

道安

　　　　弟朱希祖敬上　十二月十三日

105

（13）朱希祖致张元济函（1934 年 12 月 21 日）

菊生先生左右：

　　昨接大札并尊著《茗斋集跋》，拜诵之下，不胜钦佩。表彰先哲，流布硕著，功至巨也。拙作《伪齐录校证》暂留尊斋，可不急急。前贤尚有《伪楚录》一书，记张邦昌事，见《三朝北盟会编》引用书目，今已亡佚。所流传者仅有《东都事略》中《张邦昌传》，后人抽出，题为《张邦昌事略》，单行刊刻。今丛书中尚有其书，其略已甚。然《伪楚录》逸文散在宋代各书甚多，现拟汇辑成册，加以考校，其卷数恐较《伪齐录》更多。盖张邦昌始末，恐世人详知者甚少也。将来二书并行，均将仗大力流布，无任企祷。《鲁之春秋》未知何日出版？专此敬复，顺颂

道安

弟朱希祖敬上

十二月二十一日

　　　　　　　［23/12/22 到。］

菊生先生左右昨接

大札並

尊著茗齋集跋拜誦之下不勝欽佩表

彰先哲流布碩著功至鉅也拙作偽齋錄

校證暫留　尊齋可不急、前賢尚有偽

鈔錄一書記張邦昌事見三朝北盟會

編引用書目今已亡佚所流傳者僅有東

郁事略中張邦昌傳後人抽出題為張

國立中央大學用牋

郑昌事略單行刊刻今叢書中尚有其
書其略已甚無偽詧録逸文散在各代
各書甚多現擬棠輯成冊加以考校其
卷數恐較揚齊録更多蓋張郑昌始末遇
甚詳知者甚少也將來二書並行洵將伙
大力流布無任企禱魯之春秋主知何日出
版專此敬頌順頌
道安
　弟朱希祖敬上　十二月二十四日

（14）张元济复朱希祖函稿（〔1935年〕1月23日）

逖先先生阁下：

　　前日枉临，晤谈甚快，以病齿未能诣答，殊为歉仄。大著二种，均即转送敝馆主者①，得覆谓"同人传观，均甚钦佩，极愿印行。可用四号字排成四开版式，与国立编译馆②所著各书同。出版后按定价以版税百分之十五奉酬。"等语，谨代达，统祈察核示覆为幸。《皇明经世文编》书极难得，同人等均未见过，拟请转商书主，将全书目录及在前正文一二册寄下一阅，再行决定，无任祷盼之至。专此布覆，即颂
俪安

弟张元济顿首
元月廿三日

---

① 即总经理王云五。
② 1932年，国民政府教育部"为发展文化，促进学术暨审查中等以下学校用图书起见"，特设国立编译馆，教育部编审处原处长辛树帜（1894—1977）担任国立编译馆首任馆长。

逖先生阁下

程修顺设书块以病区……特……善殊为歉……

欲佩修颇即行……可用……排成四開版式

……國……泽馆……由……

……泽……该版……

……此……

……玫……易……钧行……

SC063

0061

俯允諸軺逕与該館主持人接洽以其熱心學術

062 必本館一信將奉頒後即由該館收轉等極諸式

達後弟

詧接五番日子言明經費編支担群以見等情

未見逕推後

静畣事主將全書目錄及历來已入二冊言下一冊再

口快之事任徵朌之玉台此布度耑所頌

儷安

弟 張元濟

元月廿三

(15) 张元济复朱希祖函底 (1935 年 1 月 28 日)

录廿四年一月廿八日菊公覆朱逖先君函

日前奉到一月廿四日手复，诵悉。承示尊著《伪楚录辑补》《伪齐录校证》二书，拟将售稿之费以酬写官，并可将《伪齐录》原文字数除去不算，具感雅意，当即转致馆中主者。据谓近来此项书稿多用版税办法，尊书印成后，仍拟抽奉版税，未能遵酬稿费，属为婉达，大稿仍当暂存。尊意如以为可行，当再试排版样呈阅。又《皇明经世文编》书固名贵，而价值过昂，现在财力艰难，一时亦无力购致，有负介绍盛意，并属致歉。特并奉陈，均希鉴察。

住址：南京太平桥南八号。

録廿四年一月廿六日南京發來逆先君函

昆仲華翰計月曹李後誦違承玉音著作匆録繹

謝佩齊録校遥二卷擬以佳稿之費以齊齊弟官玉可將僑

齊語原文字數停方不算具感雅忘童具務啟館中主

者摘讀近本此項杳稿多用版税翻法等妥杳印成役仍摧

柚車收税未被送辞稿費參者挽送去務仍當贊存旨

意此应店行高亦試拟溯樣等閑又呈僑經芝編査固本員

兩價值适旦印現立財力艱難一时应去力籌致有多介经感意

五房致殽發併李陳垃希鑑參

住址　南京太平橋南八號

（16）朱希祖致张元济函（1935 年 2 月 12 日）

菊生先生左右：

　　接读大札，已阅。旬余未曾奉复，甚歉。拙作《伪楚录辑补》《伪齐录校证》可照抽版税办法出版，惟尚祈暂行寄回从事修改，再行寄上。《续四部丛刊》本年何时起出版？最好先将重要必印书目先开出数种，其他随时顺便出版。例如宋《大诏令》等，大都颇希望早日出版。有数种书虽系宋元版而学术上似少价值者，以少印为宜。颇有多人对上期丛刊有不满者，故敢以奉告。刍荛之献，想必乐闻也。专此，敬颂

道安

弟朱希祖敬上

二月十二日

　　［覆信乞饬打三分〔份〕，打出后连此信乞代呈岫庐、拔可①两翁一阅。以打样两分〔份〕发下，署名封发。张元济托。24/2/15］

　　［24/2/14 到。次日复。］

---

① 即王云五、李宣龚。

國立中央大學用牋

菊生先生左右接讀

大札已閱旬餘未曾奉復甚歉拙作

僞楚錄輯補僞齊錄校證可照抽版稅

辦法出版惟思新暫行寄回從事修改自

行寄上續四部叢刊本年何時起出版最

好先將重要必即書目先開出數種其他

隨時順便出版例如字大詔令等大都願

希望早日出版有數種書難係宋元版

震信先生殘打之分打出後連此信三……此……座轉可

原為一同以打樣兩分發下罷廢壽發……弟承記廿一

115

國立中央大學用牋

兩學術上似少價值者以少印為宜顧有

多人對上期叢刊有不滿者故敢以奉

告蜀箋之處想必

樂聞也專此敬頌

道安

　　　　　弟朱希祖敬上

　　　二月十二日

（17）张元济复朱希祖函稿（1935 年 2 月 15 日）

覆朱逖先君信　24/2/15

逖先先生阁下：

岁转春回，伏维潭第万福。昨得本月十二日手教，谨诵悉。大著两种允照版税办法出版，遵即转致敝馆主者，并请将原稿寄还，候台从修改竣事发还，再行排印。

承询《四部丛刊续编》第二期出书时期，现在尚未能定，大约早则四月，迟则七月。本届拟出之书，自当编定书目先期刊布，宋刻《太平御览》及《罪惟录》今岁在必出之列。宋《大诏令》颇多讹字，尚须校勘，承属早出，自当赶办，以答盛意。至去岁所出第一期书，凡七十五种，中有六十八种本编在当年拟出书目之内，其增出七种，《龙龛手鉴》《礼部韵略》《梦溪笔谈》《龟溪集》则曾编入预备次年拟出之书，又《先天集》《茗斋集》《吴骚合编》则为续增，皆世所罕见之本。又预约发行简章第五条载明"续有所得，随时编入。如认为急要，则提前出版"，第六条载明"得以预备明年续出之书酌为更换"各等语，似无不合之处。如有人道及者，尚祈代为剖析，无任感荷。

近购得邑人遗著《蛮吟小草》一种，著者为朱光昭[①]，字小髯，刊于嘉庆二十五年，其子名右贤，出嗣敖姓，入四川籍者，似为我兄族人。邺架如未有之，当以奉赠。

再，《皇明经世文编》未知为何人所得，并乞见告。专此，敬颂
台安

[①]　朱光昭，字丕承，又字小髯，浙江海盐人。

(18) 朱希祖复张元济函（1935年2月27日）

菊生先生左右：

　　接得二月十五日大札，并拙著稿本二种①，适预备迁家，未曾奉复，歉甚。现已迁居竺桥桃源新村五十九号，部署粗定，始得执笔裁复。承示《续四部丛刊》景印次叙，甚谅苦衷，友朋谈次已代剖析。《伪楚录辑补》不日当先寄上。《伪齐录校证》拟略改定格式，稍迟寄奉。《皇明经世文编》，敝友以筹得款项度岁，未忍出售，且因各处出价皆未中程，苟得善价，仍可商量云。承示敝族小犀公《蛩吟小草》，愿惠借一抄，若以见赠，不敢拜赐。春假时拟至北平，选取书籍携京，届时如有善本，愿以抽版税办法寄奉景印。专此敬复，顺颂
道安

弟朱希祖敬上

二月廿七日

　　[赠去《蛩吟小草》一种。24/3/1复。]

[竺桥桃源新村五九号]

---

　　① 《伪楚录辑补》《伪齐录校证》。

119

國立中央大學用牋

菊生先生左右接得二月十五日
大札並拙著稿本二種適逢遷家
未曾奉復歉甚現已遷居竺橋桃源
新村五十九號部署粗定始得執筆裁
復承示續四部叢刊景印次叙甚諒
甚慇友明歲次已代劃斯偽楚錄輯補
不日當先寄上偽齊錄校證擬略政定
格式稍進寄奉皇明經世文編嚴友以

國立中央大學用箋

籌得欵項度藏未忍出售且因各處出

價皆未申程苟得善價仍可商量云承

示欵族小賢公覽吟小草願

惠借一抄若以見贈不敢拜賜春假時

擬亘北平選取書籍攜京届時如有

善本願以抽版視轉法寄奉景印專此

敬復順頌

道安

宗朱希祖敬上二月廿七日

桃源斛村

贈夫婴附小草一衹

廿一收

121

（19）朱希祖致张元济函（〔1935年〕3月4日）

菊生先生左右：

接三月一日大札，并承赐族祖小髯公《蛩吟小草》二册，不胜感谢。敝处珍藏善本不多，且多于属于史部，偏于南明，深恐不适一般阅者之目。盖敝帚自珍者，人或吐弃之，故未敢献丑也。如《明末忠烈纪实》（二十卷，徐元文撰。此书温睿临《南疆逸史》最为推重，与万斯同《明史稿》并列。元文[1]曾为明史总裁，为乾学[2]之弟，尝传抄一部，脱误甚多。以各书校补，曾为长跋。后又得旧抄本一部，较传抄者更善。若二书互校更好）等是也。此等书籍，在研究南明史者视之固为珍本，普通学者不视以为重也。现在其书皆不在手头，俟至北平后选出四五种奉上一目，以备采选。窃谓海内奇书尚多，然非宋元版正统派所重，而与历史有重要关系，为海内所罕觏者，实宜多为流传，如北平图书馆之《万历会计录》、日本静嘉堂文库之《皇明四朝成仁录》（十卷二十六册，屈大均撰，天壤间希有之本。江苏国学图书馆所藏一部系他人续撰，与屈书完全不同。谢国桢《晚明史籍考》未尝判别，误以为一书而微有不同）。如妙选各图书馆所藏而借以景印流传，则必有可观者。未知先生以为何如？专此鸣谢，敬颂
道安

弟朱希祖敬上

三月四日

---

① 徐元文。
② 徐乾学，与其弟元文、秉义合称昆山"三徐"，有藏书楼"传世楼"。

菊生先生左右接三月一日

大礼並承

賜族祖小齋公眼吟小草二冊不勝感

謝敢處珍藏善本不多且多於屬於

史部偏於南明深恐不適（一般閱者之目

蓋歡喜自珍者人或吐棄之）故未敢獻

醜也如皇明忠烈紀實二十卷徐元文撰此書

溫睿臨南疆逸史最為

推重與萬斯同明史稿並列元文曾為明史總裁為乾學

之弟嘗傳抄一部脫誤甚多以各書校補曾為長跋

國立中央大學用牋

後又得舊鈔本一部較傳鈔
者更善若三書互校更好　籌是一也此等書籍
在研究南明史者視之固為珍本普通恒不甚
不視以為重也現在其書皆不在手頭俟異
北平後選出四五種奉上一目以備采選竊
謂海內奇書尚多並非宋元版正統所派所
者賈宜多為流傳如北平圖書館之萬曆
重而與歷史有重要關係為海內所僅見顯
會計錄日本靜嘉堂文庫之皇明四朝成仁

國立中央大學用箋

錄十卷二十六册屈大均撰 天壤閣所有之本 江蘇國學圖書館所藏一部係他人續撰與原書完全不同謝國楨晚明史籍考未嘗判別誤以爲一書而微有不同 如妙選各圖書館所藏而借以景印流傳則必有可觀者未知
先生以爲何如專此鳴謝敬頌
道安

弟朱希祖敬上

三月四日

(20) 朱希祖复张元济函（1936 年 5 月 8 日）

菊生先生左右：

昨接大札，不胜欣悦。因闻得胡孝辕①先生《赤城山人稿》残本三卷，多涉本邑掌故。向谓此书盖已亡佚，不谓天壤间尚有残存数卷，为先生所得，实可庆贺。临侯亚兄②之女前在北京，未出嫁时常来敝寓居住，［仍住竺桥桃源新村。］自出嫁以后，其夫夏君至美留学，而宗桓姨甥女③盖因其夫家不在北京，仍住母家。其时临侯夫人已去世，临侯又常外出，不知何故竟染鸦片等恶习。其夫盖已闻知，竟不回国，亦不通问，偶有来信索川资回国，盖托词耳。临侯对于其女亦颇愤愤。临侯去世，更无人管束。内子④本愿邀彼同居，奈彼积习太深，不愿就此束缚，即来南京一二次，亦未尝顾敝寓。闲云野鹤，颇有自得之乐。其住吴氏家中者，因嗜好相同也。故虽设法强彼夫回，恐终成弃妇矣。临侯之子在汉口尚好，对于其姊亦颇淡漠。惟宗桓年纪已近四十，潦倒如此，终成不了之局。欲加援助，终觉束手无策。夏君在美，决非无力回国，最好托人一探访，再行设法。专复，敬颂
道安

弟朱希祖敬上

廿五年五月八日

---

① 胡震亨，字孝辕，自号赤城山人，号遁叟，藏书家、学者和官员，明代浙江海盐人。
② 朱临侯，朱希祖连襟。
③ 朱宗桓。
④ 指朱希祖夫人张维，系张元济堂妹。

國立中央大學用牋

菊生先生左右昨接

大札不勝欣悅因聞得胡孝轅先生亦

城山人稿殘本三卷多譌本邑學敬向謂

此書蓋已亡佚不謂天壤間尚有殘存

數卷為

先生所得實可慶賀臨侯亞兒之女前

在北京未出嫁時常來敝寓居住自出

嫁以後其夫夏君至美留學而家桓婦

127

國立中央大學用牋

珺女蓋因其夫家不在北京仍住毋家其
時臨侯夫人已去世臨侯又常外出不知何
故竟染鴉片等惡習其夫蓋已聞知
竟不回國亦不通問偶有來信意川資
回國蓋託詞耳臨侯對於其女之顧惜
三臨侯去世更無人管更　內子本願邀彼
同居奈彼積習太深不願就此束縛即
來南京一二次六未嘗顧敬寫開雲野

128

國立中央大學用牋

鶴頗有自得之概其任吳氏家中者因
嗜好相同也故雖設法強彼夫回恐終成
棄婦夫臨侯之于在漢口尚好對於其
姊亦願漢惟宗祖年紀已近四十潦倒
如此終非成不了之局欲加援助終覺束
手無策夏君在美決非無力回國最
好託人一探訪且行設法專復敬頌
　道安
　　　弟朱希祖敬上　廿五年五月　日

129

(21) 朱希祖致张元济函 （1936 年 9 月 9 日）

菊生先生左右：

七月二十五日及八月二十二日两奉大札，皆未奉复，良以正值中央大学考试新生出题阅卷，嗣又忽赴北平，于九月六日始回京，故尔迟迟，伏祈原宥。朱宗桓姨甥女已回上海，当来见先生，可详询一切。此次赴北平，于故宫博物院发见胡孝辕先生《唐音统签》全部，自甲签至壬签一千卷，皆为诗；癸签三十三卷，为诗话。甲、乙、丙、丁、戊为刻本，己、庚、辛、壬为康熙抄本，癸为刻本。其内容再当详告。各卷诗人小传较《全唐诗》为详，孝辕先生皆附有各家考证，《全唐诗》皆为删去。此为《全唐诗》之祖本，大可景印流传。已商之故宫当局，可以付印。如商务印书馆愿任此事，或单行，或加入《四部丛刊》，均可。此事不特于吾邑文献大增光彩，即于吾国文学史亦大有裨补。望先生主持付印，是为至祷。弟明日至考试院为典试委员，考试高等文官，入闱十日，不与外交通。忽忽略陈，缓日再当详报。附致王云五先生函，祈转交。敬颂

道安

弟朱希祖敬上

九月九日

再者。近来因章师①年老，不能多讲，一二老弟子每月一次至苏州助讲一回，弟亦在其列，任讲《史记》。去岁因时局不宁，竟未购书，乡先哲遗著亦仅得六七种，均不重要。惟得到先曾祖手录本十世

---

① 章太炎。

祖子峻公完姻簿，中载因弘光元年①点选淑女，嘉兴一府七县，不论大小男女，俱成姻礼云云。此亦一亡国史料也。希祖又及。

[25/9/14 复。]

---

① 公元 1645 年。

國立中央大學用牋

菊生先生左右七月二十五日及八月二十

二日兩奉

大札皆未奉復良以正值中央大學考

試新生出題閱卷嗣又忽赴北平於九

月六日始回〔京故〕爾遲～伏祈

原宥朱宗植姨殁世已回上海當來見

先生可詳詢一切此次赴北平於故宮博

物院發見胡孝轅先生唐音統籤全

部自甲籤至壬籤一千卷皆為詩又籤

三十三卷為詩話甲乙兩丁戊為刻本己

庚辛壬為康熙抄本癸為刻本其内容

再當詳告各卷詩人小傳皆全唐詩

為詳考輯先生皆附有各家考證全

唐詩皆為刪去此為全唐詩之祖本大

可景印流傳已商之故宮當局可以何

印如商務印書館願任此事或單行或

國立中央大學用牋

加入四部叢刊均可此事不特於吾國色文

厰大所贈先影即於吾國文化學史亦大

有禆補望

先生主持付印是為至禱弟明日至

考試院為興試委員考試高等文官

入闈十日不與外交通忽略陳緩日耳

當詳報附致王雲五先生函祈轉交敬頌

道安

　　弟朱希祖敬上九月九日

國立中央大學用牋

再者近來因貴師年老不能多譚一
二老弟子每月一次呈蘇州助譚一回弟
亦在其列往譚史記去歲因時局不靈丁
竟未贈書鄉先哲遺著亦僅得六七
種均不重要惟得到先曾祖手錄本十
世池子峻公完姻簿中載因弘光元年黜
選淑女嘉興二府七縣不論大小男女俱成
姻禮云此二七國史料也　希祖又及

135

（22）张元济复朱希祖函底（1936年9月14日）

录廿五年九月十四日张菊翁覆朱逖先君函

奉本月九日手教，谨诵悉。附下致王岫庐兄信，遵即转致。

弟行年七十，自顾一切幼稚，何敢言寿？岫兄此举，弟曾闻之，欲通信阻止，再四追询，秘不以姓名相告。今奉来书，乃知曾以相渎，甚为不安，务请辍笔，勿重弟咎。我兄有所撰著，本以启迪来学，世人极以先睹为快，但乞勿为弟而发，幸甚幸甚！

孝辕先生《唐音统签》，世间只知有戊、癸二集，今为我兄发见全书，真是意外之事。甲、乙、丙、丁既有刻本，何以绝无流传？不知刊于何时何地。戊签杨序仅言宣子念斋承先刜厥，岂即此功未及半之本乎？承商准故宫当局可以印行，自是盛举，属由商务印书馆出版，业已转达。惟有先决条件二：

甲、戊签仅属晚唐，合之癸签，凡二百九十七卷。敝处一部装成五十八册，平均每册以六十页计，当得三千五百页。其他七百有三卷，未知有若干页。如过于繁重，且有《全唐诗》在前，恐有不易销售之虑。

乙、故宫借印书籍向来索酬甚重，此书用途较窄，即令卷帙不至过多，而酬报匪轻，亦觉不胜担负。

甲项情形，已函托北平敝分馆就近调查。至乙项，未知吾兄在北平时曾否与故宫当局谈及，有何具体办法？再，此书如可印行，全书必须寄至上海照相。

以上各节，统祈我兄出闱以后逐项见示，至为祷盼。

宗桓甥女前日来见，一切已面告矣。

姑太太阖福。

錄廿五年九月十四日張菊翁覆朱遜先君函

奉本月九日手教謹誦悉附下致王岫廬兄信遵即轉致弟行年

七十自顧一切幼稚何敢言壽岫兄此舉弟曾聞之欲通信阻止

再四追詢祕不以姓名相告今奉來書乃知曾以相瀆甚爲不安

務請輟筆勿重弟咎我兄有所撰著本以敢迪來學世人極以先

覩爲快但乞勿爲弟而發幸甚幸甚孝豫先生唐音統籤世間只

知有戊癸二集今爲我兄發見全書真是意外之事甲乙丙丁既

有刻本何以絕無流傳不知刊於何時何地戊籤楊序僅言宣子

念齋承先制闓堂即此功未及半之本乎承商准故宮當局可以

印行自是盛舉屬由商務印書館出版業已轉達惟有先決條件

商務印書館啟事用牋

137

姑太太闔福

日來見一切已面告矣

以上各節統祈我兄出關以後逐項見示至為禱盼宗桓親翁女前

談及有何具體辦法再此書如可印行全書必須寄至上海照相

敝分館就近調查至乙項未知吾兄在北平時曾否與故宮當局

帙不至過多而酬報匪輕亦覺不勝擔負甲項情形已函託北平

售之虞乙故宮借印書籍向來索酬甚重此書用途較窄卽令全卷

三卷未知有若干頁如過於繁重且有全唐詩在前恐有不易銷

五十八冊平均每冊以六十頁計當得三千五百頁其他七百有

二甲戌籤僅屬晚唐合之癸籤凡二百九十七卷敝處一部裝成

字第　　號

第　　頁

商務印書館啟事用牋

(23) 朱希祖致张元济函并附藏书目录（1937年8月2日）

菊生先生左右：

　　昨奉大札，并承赐鸿著《刍荛之言》二。拜读之余，知海盐农业副产小羊皮一种，直可替代蚕桑。崇论弘议，破世俗一般之谬见，裨益民生实非浅尠。扩而充之，食牛之事，亦大利所在，划除于俗儒陋说者多矣。先生经世弘猷，于此可见一斑，钦佩之至。国难日亟，吾国文化保存不易，北平图书馆寄存上海贵重书籍，新近为袁守和①运回一大部分于北平，实堪浩叹。敝藏书籍亦颇有堪为国宝者，如何保存，正乏善策。北平敝庐中书籍，尚有占敝藏半数，幸最精之部皆已南迁，然彼处庐舍书籍恐不免牺牲矣。希祖生平别无他好，节衣缩食，全供买书，家无积蓄，故此后避难且无资斧，欲保存贵重书籍（敝藏无宋元版本之书，然抄本及史部孤本颇有之）更无善策。京城非安全之地，先生有何善策以为赐教乎？专此敬谢，顺颂
道安

弟朱希祖敬上
八月二日

［26/8/5 复。］

《史学丛著》一部，内文三十篇。
《郦亭文集》六册，内史籍序跋 26 篇，南明史籍序跋 40 篇，其

---

　①　袁同礼，1929 年任北平图书馆副馆长。

他杂文 22 篇，共 88 篇。

《宋代官私书目考》二卷。

《宋代金石书录》三卷。

《中兴馆阁书目》四卷，续目一卷，考释一卷。

國立中央大學用箋

菊生先生左右　昨奉

大札並承賜

鴻著剪業光之言三拜讀之餘知海

鹽墾農業副產以羊皮一種直可替代

璧璐柔桑論弘議破世俗一般之謬見

裨益民生實非淺尟擴而充之食牛

之事亦大利所在芻除於俗儒陋說

奇多矣

國立中央大學用牋

先生經世弘獻於此可見一斑欽佩之

至國難日亟吾國文化保存不易北

平圖書館寄存上海貴重書籍新

近為袁守和運回一大部分於北平寶

堪浩歎敝藏書籍亦頗有堪為國

寶者如何保存正之善策北平敝廬

中書籍尚有古敝藏羊數年最精

之部皆已南遷然彼處廬舍書籍

國立中央大學用牋

恐不免犧牲先希祖生平別無他好

節衣縮食全供買書家無積蓄故

此後避難且無資斧欲保存貴重

書籍所藏無宋元版本之書然有之

亦鈔本及史部孤本願有之更無善

策京城非安全之地

先生有何善策以為賜

教幸專此敬謝順頌

道安

弟朱希祖敬上 八月二日 〇五 冬

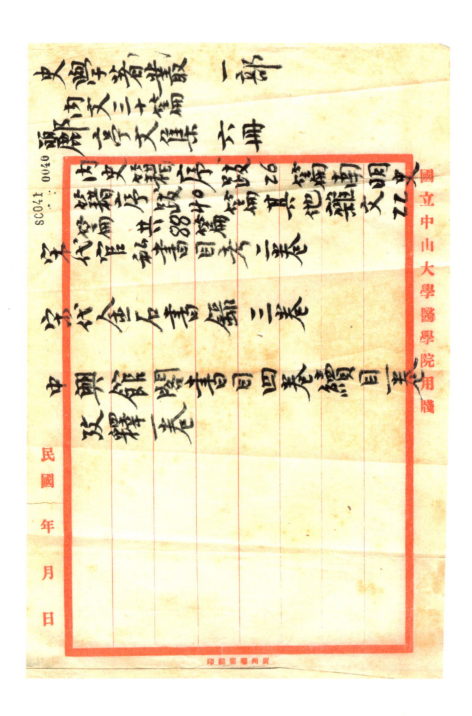

附件 1：朱希祖撰《史学丛著》目录

史学丛著目录

海盐朱希祖撰

《中国史学之起源》

《文字学上之中国人种观察》

《驳中国先有苗种后有汉种说》

《周颂鲁颂商颂古今文异说辩》

《山海经内大荒海内二经古代帝王世系传说》

《中国古代铁制兵器先行于南方考》

　　　附《墨子备城门以下十二篇系汉人伪书说》

《吊之起原》

《中国法家之历史观念》

《道家与法家对于交通机关相反之意见》

《汉十二世著纪考》

《桑弘羊之经济政策》

　　　附《桑弘羊年表》

《汉唐宋起居注考》

《萧梁旧史考》

《宋史艺文志探原》

《宋安州出土古器图考》

《金开国前三世与高丽和战年表》

《鸭江行部志地理考》

《金曷苏馆路考》

《西夏史籍考》

《明成祖生母记疑辩》

《屈大均大行庙号考驳义》

《南明三朝史官及官修史籍考》

《永历大狱十八先生史料评》

《恭谒南明绍武君臣塚记》

　　　　附《张嘉谋绍武君臣塚碑记质疑》

《与蔡孑民先生书请保存明季旧炮》

《郑延平王奉明正朔考》

《郑延平王受明封爵考》

《后金国汗姓氏考》

《吴三桂周王纪元释疑》

《清史先撰志表而后纪传私议》

　　　　附《志表略例》

史學叢著目錄

中國史學之起源

文字學上之中國人種觀察

駁中國先有苗種後有漢種說

周頌魯頌商頌古今文異說辯

山海經內大荒海內二經古代帝王世系傳說

中國古代鐵製兵器先行於南方考

附墨子備城門以下十二篇係漢人偽書說

弔之起原

中國法家之歷史觀念

道家與法家對于交通機關相反之意見

漢十二世著紀考

桑弘羊之經濟政策

附桑弘羊年表

漢唐宋起居注考

蕭梁舊史考

宋史藝文志探原

海鹽朱希祖撰

147

SC107

附件 2：朱希祖撰《郦亭文集》目录

郦亭文集目录

海盐朱希祖撰

《明刊春秋古经跋》

《记明台湾郑氏亡事叙》

《延平王户官杨英从征实录叙》

《宁海将军固山贝子功绩录跋》

《平闽功绩见闻录跋》

《抚嵊功绩录跋》

《甲寅遇难录跋》

《全台恩绩录跋》

《嘉庆三年太上皇帝起居注叙》

《太平天国史料初编叙》

《嘉靖仿宋本邓析子跋》

《邓析子考异自序》

《罗庸尹文子校释序》

《宝纶堂集跋》

《跋榆荫山房吟草》

《先曾祖彦山公年谱并序》

《汉三大乐歌声调辩》

《整理昇平署档案记》

《永乐大典本相地书六种序录》

郘亭文集目錄

渟盦夫希祖撰

明刊春秋古經跋

記明臺灣鄭代亡事叙

迤平王戶官楊英從征實錄叙

寧海將軍固山貝子功績錄跋

平閩功績見聞錄跋

甲寅撫遇雜錄跋

全台圖恖纜錄跋

嘉慶三年大上皇帝起居注叙

太平天國史料初編叙

嘉靖仿宋本荀子跋

羅維庸尹文子校釋序

寳繪堂集跋

跋榆蔭山房吟草

先曾祖秀山公年譜并序

漢三大樂歌詖詞調辯

整理昇平署檔案記

永樂大典本地書錄

相六種序

13．章梫[*]

章梫致张元济函（〔1934年〕10月30日）

菊生前辈尊鉴：

　　久阔，晤谈至慰。敝县友人黄小痴君，文学明通，写画均好，惟口讷拙于语言，客沪多年，渐忧株守。前由夏剑丞厅长介绍商务馆馆外校书，所校之书呈由察核无误，可以接校《二十四史》。嗣剑公上庐山，无从接洽，又有人说校史有人，未知是否。今小痴君二次修正之书业已修好缴还，渠专忱晋谒，意欲一见大君子，指示校书要法，求再发书领校。此君眼力敏捷，倘荷逾格相赏，令其到馆分校，必有成绩可观。穷士失业者，多量才采琢，同感厚赐，即先道谢。泐请政安

馆侍梫顿首

九月廿三日　十月卅日①

黄君名条附呈。

---

　　[*]　章梫（1861—1949），号一山，浙江宁海人。光绪三十年进士，授翰林院编修。著有《康熙政要》，辑述清代典章。善书法，辛亥革命后侨寓上海。

　　①　农历九月二十三日，公历10月30日。

151

大兄子指示校去再陸来

再蒙示領校先失眡力而捷偹否

急棏相蒙台玉玉玛煖分校必了失踪而

竟病士生業者匀萱十年錄同□

辱賜先兄河阳偹

汯示煖付授あ了九月廿三日十月朔

黄芙名儀附三三

附件：黄绳熙名条

　　黄绳熙，浙江宁海人，现年三十五。前托章一山太史门下，嗣请业于夏剑丞厅长，为刘翰怡京卿司书十年，曾任美术专科学校教授三年。

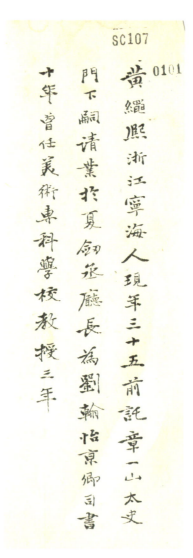

14. 王云五 [*]

王云五致张元济函（1934 年 11 月 29 日）

菊翁：

手示及朱逖先君函均诵悉。《杨么事迹考证》只可列入历史小丛书，华纸大字实难照办，祈转商。至增价卅元，虽超过最高酬率，好在为数无多，自当勉遵。附呈让与著作权证一件，请转致，如朱君无其他意见，即请署名交下，当由馆中将稿费迳行汇去。

又，朱君前介绍之《广东十三行考》，馆中拟照版税印行，曾托朱君征求著作人同意，此次未蒙见覆，去函乞代一询。手此，即颂

大安

廿三年十一月廿九日

SC144

商務印書館啟事用牋

字第　　　號

第　　　頁

菊翁　手示及朱泍先君函均籠悉楊么事跡考證祗可列入歷
史小叢書華紙大字實難照辦祈轉商至增價卅元雖超過最高
酬奉好在爲數無多自當勉遵附呈讓與著作權證一件請轉致
如朱君無其他意見卽請署名交下當由館中將稿費逕行匯去
又朱君前介紹之廣東十三行考館中擬照版稅印行曾託朱君
徵求著作人同意此次未蒙見覆去函乞代一詢手此卽頌

大安

廿三年十一月廿九日

15．郭泰祺 *

郭泰祺致张元济函（1935 年 1 月 11 日）

菊生先生道鉴：

　　前奉赐书，惊悉先生抱安仁之痛。尊夫人壸德并备，先生伉俪素笃，丧兹嘉偶，悲痛可知。尚乞达观，强自裁抑，是所至祷。新岁以来，想道履康胜，尤为私颂。去岁秒曾寄奉 Lowes Dickinson[①] 传一册，计已收阅矣。英伦入冬，黑雾弥漫，颇觉沉闷。弟与内子现已渐习惯，殊不以为苦。此次海军谈判，英美对日本独羁太平洋及远东之野心已渐瞭然，两国关于东亚之政策似较前接近，大有合作之趋势，惟尚未具体化耳。春风有便，盼时惠德音为幸。专肃，敬请

道安

弟郭泰祺谨启

廿四、一、十一

---

　*　郭泰祺（1889—1952），字复初，湖北广济（今武穴）人，早年赴美国宾夕法尼亚大学，获政治学博士学位。历任湖北军政府秘书、外交部次长、驻意大利公使、驻英国大使等。

　①　狄更生（G. Lowes Dickinson，1862—1932），英国学者。

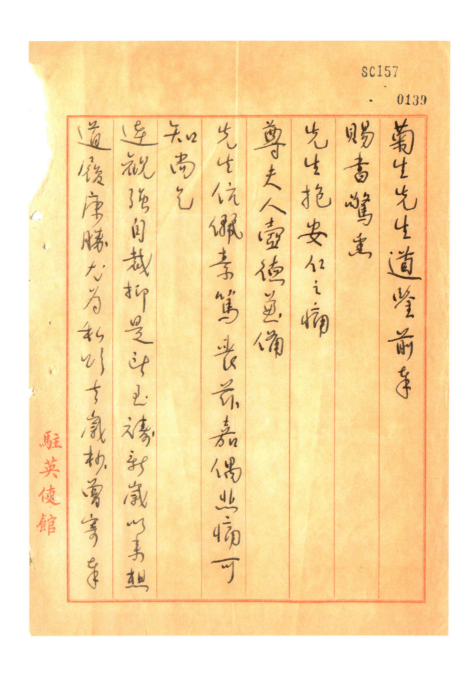

菊生先生道鉴 前奉

赐书驚喜

先生抱安仁之痛

尊夫人壶德兼备

先生伉俪孝笃 承芳嘉偶此痛可

知尚乞

达观强自裁抑 是以玉烛新岁以善摄

道体康胜尤为私祝 古岁枕曾宁幸

驻英使馆

Emma Dickinson 傳一冊計之

收閱美英倫入冬黑霧瀰漫頗覺沈悶

加以內心之溫習憤弱不以為苦此次得

等候判美美封以平獨露太平洋及遠

東之野心已漸增然兩國間關於東亞重之政

策仍然前故近大有合作之趨勢惟尚未

苦俟化了春風有俊矣

時車德音為幸專覆敬請

道安

弟 郭泰祺 謹啟 十二、廿二、

159

16. 任绳祖[*]

（1）任绳祖致张元济函（〔1935 年〕6 月 14 日）

菊公大人钧鉴：

樀井寄来第二批古书相片亦已寄到，当送平版厂查点，另行报告。樀井昨寄之请求书①，录副附请存查。第二批应付照费数目无多，拟俟其覆信到后再行汇寄。肃此，恭叩
钧安

任绳祖叩上
六月十四日

＊　任绳祖（1878—1948），字心白，江苏常熟人。曾任职于商务印书馆，负责管理文契资料等。尝从印光法师学佛，并担任佛教慈幼院院长。辑有《历代名人家书》。

①　见照相师樀井清作致张元济请求书（1935 年 6 月 7 日）。

菊公大人鈞鑒 樽井寄來之第二批古書相片亦

已寄到當速平版敬查點另行報告若樽井帳

寄之請托書錄副附請 覆 擬無多

存查第二批應付照書價擬俟其覆信到後

再行匯寄可肅此恭叩

鈞安

任縄祖叩上 六月十書

（2）任绳祖致张元济函（〔1937年〕1月7日）

菊公大人钧鉴：

奉谕敬悉。《解放日报》① 遵已陈明拔公②，转致图书室妥为保存。本日又收到十二月十七、十八两张，谨附呈。日前张叔良③先生交阅批谕，询及上杉伯爵赠书。查上杉、德富、黑井④三函，上年十一月即蒙签示，书籍亦早备就。因奉函询长泽三氏详址以便直寄，迄未得复，尚在搁置。现在既已出书发行，诚如钧嘱，不宜再搁。当已陈明秘书处分致田中、长泽各一函⑤，附呈副稿，敬求钧览。

钧致上杉各函，日期均不改，征明确系早经预备。书籍业已寄出，妥慎装包外，并向宝丰保险公司保有邮递险。再，书籍请田中氏暂为保存者，因三氏均在东京。长泽君能各加备一函，即烦田中转交，似更省事。钧意当亦为然。专肃，恭叩
钧安

任绳祖叩上

一月七日

① 《解放日报》创刊于1936年12月13日，抗日联军临时西北军事委员会机关报，1937年2月10日停刊，共55期。

② 即李宣龚。

③ 张叔良，商务印书馆交通科职员。

④ 上杉伯爵、德富苏峰、黑井悌次郎。

⑤ 见商务印书馆致田中庆太郎、长泽规矩也两函（1937年1月6日）。

菊公大人鈞鑒奉

諭敬悉解放日報遵已陳明撥交轉致圖書室妥為

保存本月廿六收到十二月廿八兩張謹附呈日前張敬良先

生交閱

批諭飭及上移仍希賜贈書查上移德富墨井三函二年

十一月卯必歲

籤承書籍亦早備就因奉

函詢長澤三民詳址以便直寄遂未得復尚在擱置

現在既已出書發行誠批

鈞座不宜再擱當已陳明秘書處分發田中長

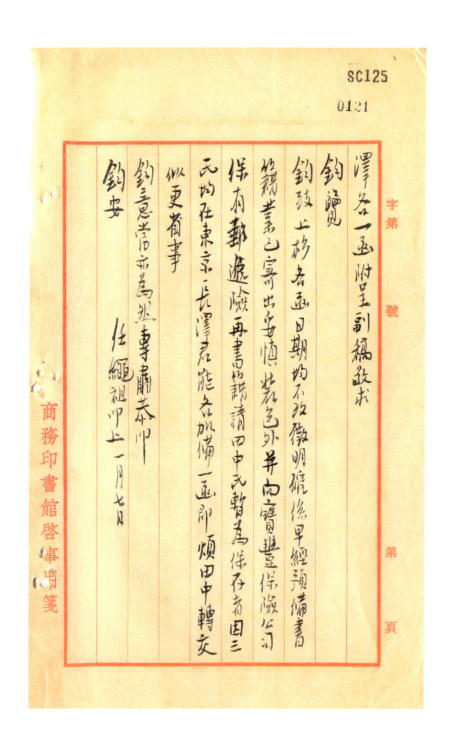

字第　號

第　頁

澤各一函附呈副稿敬求

鈞覽

鈞啟上移各函日期均不攷徵明確係早經預備書

籍業已寄出至慎裝各色外并内寶豐保險公司

保存郵遞願一再書籍請田中氏暫為保存者因三

氏均在東京長澤君能益加備一函即煩田中轉交

似更省事

鈞意常亦為然專肅恭叩

鈞安

任緬祖四十一月七日

商務印書館啟事用箋

（3）任绳祖致张元济函（日期不详）

　　长泽规矩也君通信址：日本神奈川县叶山町堀内森户。
菊公大人钧鉴

任绳祖叩上

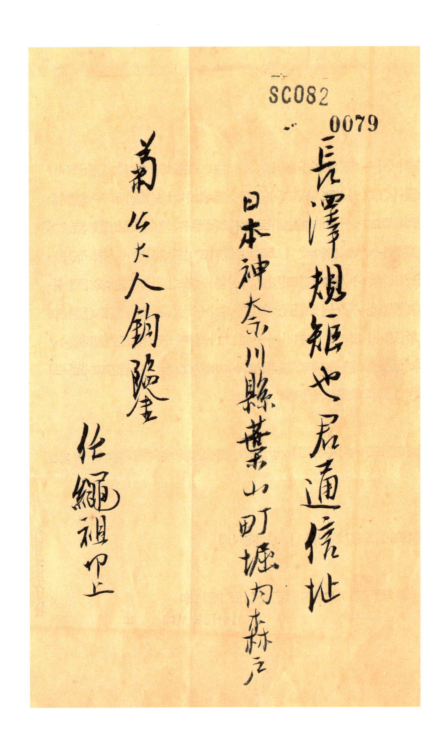

SC082

0079

長澤規矩也君通信址

日本神奈川縣葉山町堀内森戸

菊生大人鈞鑒

化繩祖卩上

17. 张季鸾*

张季鸾致张元济函（〔1935 年 6 月〕）

菊生先生尊鉴：

敬启者，炽章十三丧父①，十七丧母，游学无成，罔极莫报。辛亥自日本归国后，即入报界，岁月不居，廿余年矣。伏念幼承庭训，教以立身济世之大义，长以茕孤之身，丁国家之变，不自揣量，妄欲以言论报国，学识谫陋，罔补时艰。比自沈阳变兴，忧患纷集，举目河山，惊心板荡。既伤国运，且以自悲。追念先父翘轩公，生于清道光十五年九月初五日，数至今兹，适届百年。又值先母王太夫人逝世后三十年。炽章自清宣统元年后，未尝回里祭扫，盖于国家为无用之民，于寒门为不孝之子，公私两负，不可为人。现谨定于本年秋间挈眷回籍，曾乞表墓于章太炎先生，即于先父诞日拜墓立石，聊尽哀慕。敢求当代宗师并时贤达怜其愚诚，锡以文字，体例在所不拘，真迹谨当永保，汇印成册，再以寄呈。庶亡亲得留不朽之名，炽章藉遂显扬之愿，存殁光荣，泽及百代。附呈太炎先生手书表文稿印件一纸，俟刻石成后，别邮奉上。炽章于诸先生，或素承厚爱，或久慕清名，一语褒扬，终身感戴。此后藉得振其余勇，勉继先志，皆拜诸先生之德惠矣。专此，祗颂
崇安，伏乞
鉴照不备

张炽章谨启

---

　　* 张季鸾（1888—1941），名炽章，以字行，祖籍陕西榆林，生于山东邹平，近代新闻业者。主笔《大公报》15 年，撰写稿件千余篇，1941 年荣获美国密苏里新闻学院奖章。

　　① 其父张楚林，清光绪三年（1877 年）进士，曾在山东汶上、平度、曲阜、邹平、宁阳等地任知县等职。

菊生先生尊鑒敬啟者 織章 十三喪父十七喪母遊學無成罔極莫報辛亥自日本歸國後

即入報界歲月不居廿餘年矣伏念幼承 庭訓敎以立身濟世之大義長以煢孤之身丁國

家之變不自揣量妄欲以言論報國學識譾陋罔補時覡比自瀋陽變興憂患紛集舉目河山

驚心板蕩旣傷國運且以自悲追念 先父翹軒公生於清道光十五年九月初五日數至今

茲適屆百年又值 先母王太夫人逝世後三十年 織章 自清宣統元年後未嘗回里祭掃蓋

於國家爲無用之民於寒門爲不孝之子公私兩負不可爲人現謹定於本年秋間挈眷回籍

曾乞表墓於 章太炎先生即於 先父誕日拜墓立石聊盡哀慕敢求

當代宗師

並時賢達憐其愚誠　錫以文字體例在所不拘眞蹟謹當永保彙印成冊再以寄呈庶　亡

親得留不朽之名　爇章藉遂顯揚之願存歿光榮澤及百代附呈太炎先生手書表文稿印件

一紙俟刻石成後別郵奉上　爇章於

諸先生或素承　厚愛或久慕　清名

一語襄揚終身感戴此後藉得振其餘勇勉繼先志皆拜

諸先生之德惠矣專此祗頌

崇安伏乞

鑒照不備

張爇章謹啓

169

18. 潘宗周[*]

张元济致潘宗周函稿（1936 年 11 月 26 日）

　　收信人：潘明训

明训先生大鉴：

　　久未奉教，伏维起居多福为颂。前为商务印书馆校印黄善夫本
《史记》^①，因有残缺，除由东瀛补配^②外，复蒙慨借六卷，俾成完璧，
仰荷盛意，感何可言。荏苒数年，该书顷已出版，谨特检呈壹部，伏
希莞纳，兼布谢忱。敬颂

台祉

张

25/11/26

---

　　* 潘宗周（1867—1939），字明训，广东南海人，经商。藏书家，室号宝礼堂。

　　① 南宋建阳黄善夫刻本《史记》，傅增湘评价："是书精雕初印，棱角峭厉，是建本之最精
者。"

　　② 补配为上杉伯爵藏本。

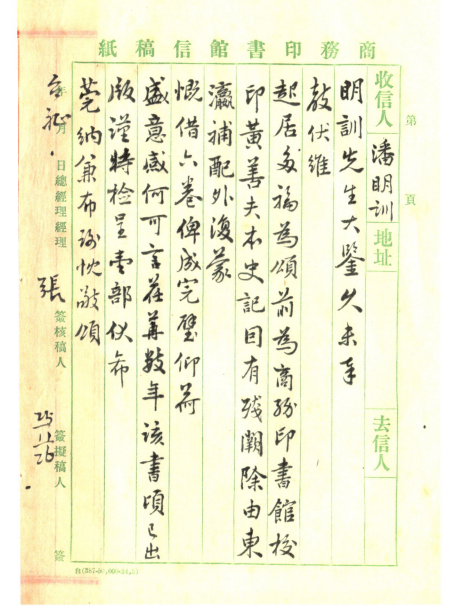

紙稿信館書印務商

收信人　潘明訓　地址

去信人

第　頁

明訓先生大鑒久未承

教伏維

起居多福為頌前為商務印書館校

印黃善夫本史記因有殘闕除由東

瀛補配外復蒙

惠借六卷俾成完璧仰荷

盛意感何可言茲籌數年該書頃已出

版謹特檢呈壹部以布

荒納肅布敬頌

台祉

日總經理經理　張　簽核稿人

簽擬稿人　巧北廿六

簽

自(387-50,000-24,8)

19. 燕京大学图书馆

燕京大学图书馆致张元济函（1938 年 9 月 14 日）

敬启者，去秋章君元善①昆仲将其先德霜根老人②藏书萃归敝校，分别寄存赠与。兹经敝馆编成目录四卷，分装五册③，仓卒从事，不免舛误。亟思就正大雅，爰遵章君之属，奉赠一部，即希鉴教，并乞签复收条为幸。肃请

著安

附收条一纸。

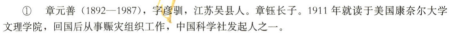

燕京大学图书馆启
二十七年九月十四日

［顾君送，起潜④。潘博山⑤昆仲交来。］

---

① 章元善（1892—1987），字彦驯，江苏吴县人。章钰长子。1911 年就读于美国康奈尔大学文理学院，回国后从事赈灾组织工作，中国科学社发起人之一。

② 章钰（1865—1937），江苏长洲人，字式之，号茗簃，一字坚孟，号汝玉，别号蛰存、负翁，晚号北池逸老、霜根老人、全贫居士等。近代藏书家、校勘学家。有藏书室四当斋。

③ 顾廷龙编《章氏四当斋藏书目》。

④ 顾廷龙（1904—1998），字起潜。江苏苏州人。1932 年燕京大学研究院毕业，获文学硕士学位。1933 年任燕京大学图书馆中文采访主任。1939 年起任上海合众图书馆董事兼总干事、暨南大学历史系暨光华大学中文系兼职教授。1963 年起任上海图书馆馆长。

⑤ 潘博山（1904—1943），名承厚，号博山，江苏吴县人。

敬啓者去秋章君元善昆仲將其先德霜根老人藏書畢歸

敝校 分別寄存贈與茲經 敝館 編成目錄四卷分裝五冊倉

卒從事不免舛誤函思就正

大雅爰遵章君之屬奉贈一部即希

鑒敎並乞

簽復收條爲幸肅請

著安

附收條一紙

燕京大學圖書館啓 二十七年九月十四日

硯君遠 起潛

潘氏昆仲文庫

20．励乃骥*

（1）张元济复励乃骥函底（1938年10月26日）

录廿七年十月廿六日张菊翁覆励德人君函

奉手教，展诵。藉悉先生戢隐邱园，以教育英才为己任①，甚盛甚盛。敝馆影印国藏善本，去岁以战事陡作，在南京摄照仅成数种，亦已停辍，不知何时始能了此愿也。宋某之罪上通于天，又岂仅抑书南迁一事已耶？令友许君大著序例目录已送敝公司审阅，覆信称无力购印，亦系实情。原信附呈，同深歉疚。

许先生处均此道歉。

---

　　* 励乃骥（1897—1969），字善湛、潭深，号德人，浙江象山人。1920年转北京大学毕业。先后任中学教员、省教育厅视学、科员。1935年2月，任国立北平故宫博物院总务科长。北平沦陷后，返乡受聘为立三中学校长。后赴苏联举办莫斯科中国艺术展览会，受聘为鉴别古物专员，又任中央宣传部中国文化服务社出版部主任。抗战胜利，任故宫博物院南京分院院长。1947年10月，选为候补国大代表。解放后，历任上海中学、新沪中学教员，上海文史馆馆员。著有《新嘉量五量铭释》《释庑》等。

　　① 指励乃骥返乡受聘为立三中学校长。

錄廿七年十月廿六日張菊翁覆勵德人君函

奉手教展誦藉悉先生踐隱邱園以教育英才爲己任甚盛

甚盛敝館影印國藏善本去歲以戰事陡作在南京攝照僅

成數種亦已停輟不知何時始能了此願也宋某之罪上通

於天又豈僅押書南遷一事已耶令友許君大著序例目錄

已送敝公司審閱覆信稱無力購印亦係實情原信附呈同

深歉疚

許先生處均此道歉

商務印書館啟事用牋

（2）励乃骥致张元济函（1939 年 4 月 9 日）

菊生先生尊前：

　　清明时节，惟耆年著述壹是平善慰符所颂。后学自北平归来，服务故里，甚愧甚愧。兹友人托查究元嘉禾学宫本《吕氏春秋》① 及元至正《大戴礼记》② 暨明南监本《三国志》③ 三书。元刊本经徐文长氏批校。《三国志》系赵一清氏批校。后学服务故宫虽有年，于版本为门外汉。素稔先生精于鉴古，而元本又均为嘉兴刊物，亮必易于鉴别。近因对方索价颇昂，未知先生于暇日能进而教之否。倘蒙俞允，请示期间，并注明上下午，以便携书趋前领教，［告以新居电话，事先电约为妥。］感戢当甚深也。时局非常，得毋笑其不合时宜。肃此，

敬敏
钧安

后学励乃骥谨上

四月九日

来示请寄上海法界薛华立路薛华坊八号。

［28/4/11 复。］

---

① 即元至正嘉禾学宫本，后吴兴谢氏刊补，半页十行，行二十字。

② 元至正嘉兴路刘贞刻本。

③ 明万历二十四年南京国子监刻本。

菊生先生尊前清明時節惟

耆年著述壹是平善尉符所頌後學自此平穩未

服務故里甚愧﹒﹒兹友人託查究元嘉禾學宮

本呂氏春秋及元至正大戴礼記暨呭南監本三

國志三書元刊本俱係文長氏批校三國志係趙

一清批校後呼服務故宮有年於版本為門外漢

素稔

先生精於謨古而元本又均為嘉定刊物亮必

易竹诒别近因对方索价昂□未知

先生拟于明日候进而教之否偌

蒙俞允请　贵处□□□近日元亮□□□□

示期向□□详明上下午以便趋前候

教感戴无既　时向□常得毋笑其不合时

宜甫此敬叩

钧安

后学属力□□上　四月九日

来示请寄上海法界薛华立路薛华坊八号

(3) 励乃骥致张元济函（〔1939年〕4月15日）

菊生前辈先生钧鉴：

本月十三日趋谒崇阶，备聆清诲，胜读十年书矣。昨复蒙惠赠先德文忠公所著《中庸说》《孟子传》二书，谢谢。《中庸说》收藏于东瀛，非先生蒐访之勤，中土岂复得见？拜嘉之后，恭诵一二叶，窥豹一斑，于文忠公之奥论未悉其万一，惟所谓发而中节谓者也。宋《艺文志》载《中庸说》一卷，此本为六卷。《孟子传》，《郡斋读书志》谓有三十六卷，《季目》①谓有三十二卷。以全书计之：《梁惠王》五卷、《公孙丑》四卷、《滕文公》四卷、《离娄》八卷、《万章》四卷、《告子》四卷，每篇无有少于四卷者，岂《季目》所载犹有未全者耶？《莫邵亭书目》眉批谓南浔刘氏②有宋刊本，想先生早已见之。昔《回溪史韵》朱竹垞氏所见为十七卷，后赵怀玉氏续得六卷，阮文达氏收入《宛委别藏》。阮氏谓蒐访未见，仅此二十三卷，抄以进呈。二十六年春，后学③〈中缺〉

之和《孟子传》逢蒙学射于羿章，以越石父为薄恶之人，并谓吾侪立身行己当求忠厚之说，以上报君亲与所知，毋惑石父之言，以为忘恩贼义之人，与逢蒙同一科也。夫子之道，一以贯之，忠恕而已，文忠公有焉。诚先生所谓临川有所愧悔，文富司马爽然自失者也。游九原者，流连随会，读其书，想其人，不觉其神往低徊之至也。此后学拜赐之余，尤感荷欣幸又续得三卷，天下瓌宝终必有完全之一日。

---

① 即《季沧苇藏书目》，又名《延令宋版书目》，季振宜著。季振宜购得毛晋、钱曾等江南故家藏书，有藏书楼"静思堂""辛夷馆"。

② 刘承幹。

③ 原信缺页。

文忠公著书垂教，彪炳千古。先生提倡国学，嘉惠士林。想此二书必有延津之合，完此巨帙，可预贺也。旅邸余间，率泐数纸，深愧其烦且渎，幸勿为过。肃此，敬敏

金安

后学励乃骥谨上

四月十五日

菊生前輩先生鈞鑒本月十三日趨謁

崇階備聆

清誨勝讀十季書矣昨夏蒙惠贈

先德 文忠公所著中庸說孟子傳二書謝＼中庸說

收藏於東瀛非

先生蒐訪之勤中土豈復得見拜嘉之後恭誦

一二葉窺豹一斑於

文忠公之奧論未盡其萬一惟所謂樸而中節諸

181

者也辛蘋文志載中庸说一卷此本為六卷盂子傳

卽焦竑讀書志说有三十六卷春目说有三十二卷以全書計

之（梁惠王卷……雜……八卷……卷……卷）每

尚無有少於……卷……春目所載猶有未全者卽莫即亭

書目君批说南……劉氏有宋刊本於

先生早已见之若四庫史颜朱竹垞氏所见為十七

卷必趙据玉氏後内六卷院久達氏收入委别藏院

氏说莫访未見作此二十三卷抄以进至二十二年春續

之和孟子待逢蒙學射於羿羿以越石父為溥惡

之人蓋謂要術立身行己當求忠厚之流以報夫馭

異術知毋戲石父之言以為志恩賊義之人異逢蒙

同一科也夫夫子之道一以貫之忠恕而已

文忠公有焉誠

先生所謂臨川有所愧悔文富司馬爽並自失者

也遊九原者流連遺會讀其書於其人不覺其

神往低徊之至也此後學 拜賜之餘尤感荷欣幸

183

又倘得三君天下瓌寶依必有完全三百

文忠公著書垂教庶炳千古

先生提倡國學嘉惠士林於此二書必有延津

之合完此庶快可預頌也旅邸匆促間率仰數紙

洋溢其欬且瀆幸勿為過肅此敬啟

金安

後學 勵乃驥謹上

閏十二

21. 张晏人

张晏人致张元济函（1938 年 10 月 28 日）

菊生先生大鉴：

八年前自北平南归，道经沪上，晋谒台端，以所编搜藏张氏书目呈阅，荷蒙指示，并承惠赠《横浦心传》《横浦日新》一书，珍袭至今，未敢忘报。兹就所藏张氏各书凡数百种，辑其精华，分别部居，定名《张氏家集》，计印成十六册。去年先生七秩大庆，本欲进献，藉侑松筋，以战事倏起，道途多梗未果。今避地来沪，料检行箧，敬以奉呈。区区芹曝之忱，倘辱教正，不胜大愿。专肃，敬敏

近履百益

宗弟张晏人谨上

十月廿八日

［赵主教路九四号］

［27/11/1 覆谢。］

185

守正法律事務所

菊生先生大鑒 八年前自北平南

歸道經滬上晉謁

台端以所編搜藏張氏書目呈

閱荷蒙

指示并承

惠貽橫浦心傳橫浦日新一書珍

襲至今未敢忘茲就所藏張

氏各書凡數百種輯其精華分

中華民國 年 月 日

186

守正法律事務所

別部居宅名張氏家集計印成十
六冊寸年
先生七秩大慶本欲進獻籍備
松籬以戰事倥傯道途多梗未
果今避地來滬料檢行篋敬
以奉呈區芹曝之忱倘儷儗
教正不勝大願專肅敬啟
近頌百益
　宗弟張昱人謹上

中華民國　年　月　日

十月廿六日

187

22．朱凤蔚[*]

朱凤蔚致张元济函（〔1939年〕3月19日）

菊老前辈先生大鉴：

前上芜函，谅邀垂察。兹有市府同事周国屏君仰钦我公法书，托晚转求椽笔书一厂招"强华针织厂"五字，并附上原函样纸，招纸字体大小请照样张。总费精神，容图面谢。下次同乡春季聚餐，务希屈驾惠临，俾亲謦欬为感。敬请

崇安

世侄朱凤蔚拜启

三月十九日

〔以迁居为词婉却。〕

＊　朱凤蔚（1889—1952），名谦良，以字行，号凡鸟。浙江海盐人。1917年12月7日由叶楚伧、朱宗良介绍入南社。民国初年曾任浙江省议会议员。1916年供职《民国日报》。后曾任上海市政府第三科科长。著有《南社影事》《党国人物志》。

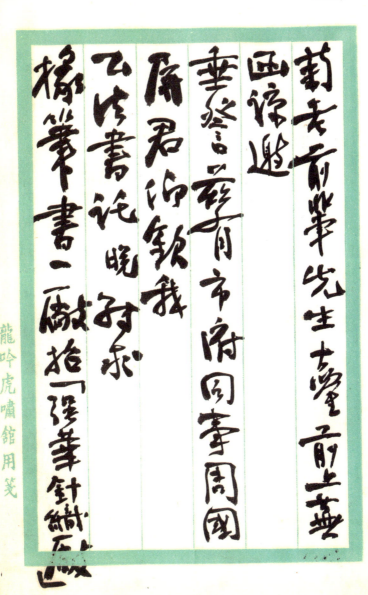

菊老前輩先生臺前上啟

函諭遊

囑弟言華青市府同事周国

屬君你欽我

以侍書託晚對示

據筆書二厰拾「張華針織厰」

龍吟虎嘯館用箋

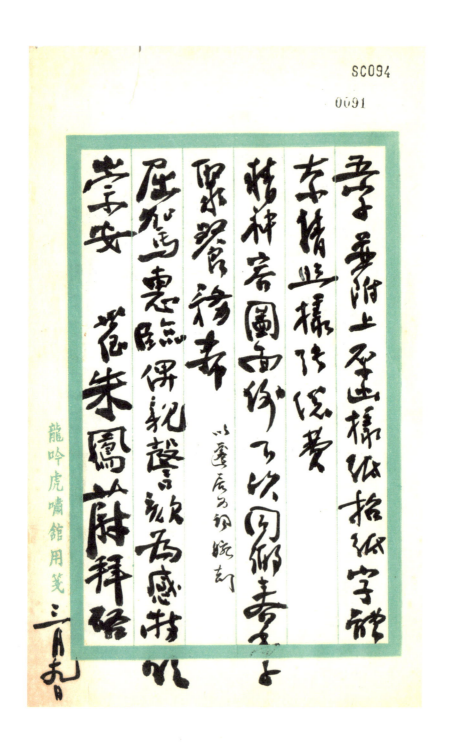

龍吟虎嘯館用箋

23．鲍咸昌[*]

鲍咸昌致张元济函（□年 1 月 22 日）

菊生先生大鉴：

　　顷蒙掷还牛津大学出版部往来信件七纸暨尊处复稿及副页各一件，均照收到，当即转交邝先生[①]代看，经易数字，其用墨笔标出之两句，写法极是。兹将来信一并奉缴，敬希察入。专此，复颂
台祺

弟鲍咸昌谨启

一月廿二日

---

　　[*]　鲍咸昌（1864—1929），字仲言，浙江鄞县人，著名出版商，1897 年与夏瑞芳等集资 4 000 元创办商务印书馆，任董事并主持印务。1901 年担任印刷所所长。1913 年去英国、法国、德国、奥地利、美国、日本考察印刷技术和业务，回国后增添自动铸字机、彩印胶版印刷机和米利印刷机等设备，并创制中文打字机。1920 年任商务印书馆总经理兼印刷所所长。鲍还曾于 1919 年参与投资创办大中华纺织公司，同时任五洲大药房董事。
　　①　邝富灼（1869—1931），字耀西，广东台山人。

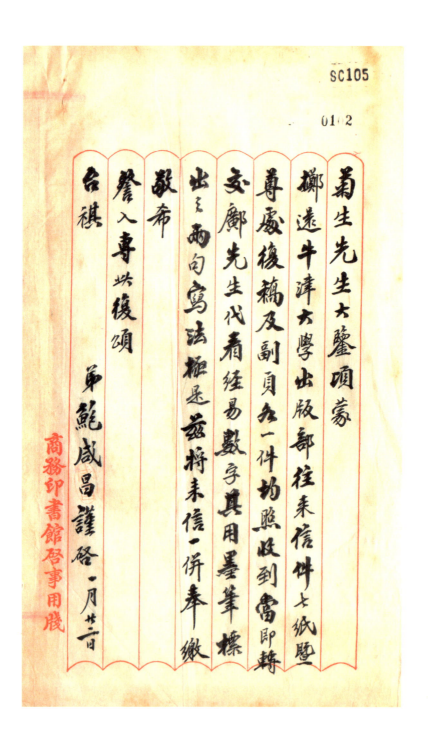

菊生先生大鑒 頃蒙
擲還牛津大學出版部往来信件七紙暨
尊處後稿及副頁各一件均照收到當即轉
交鄺先生代看經易數字其用墨筆標
出之两句寫法極晃茲將来信一併奉繳
敬布
譽入專此後頌
台祺
　　弟鮑咸昌謹啓 一月廿二日

商務印書館啓事用牋

24．聂星波[*]

聂星波致张元济函（□年 3 月 23 日）

菊生先生赐电：

久违教益，深系孺怀。敬维福履绥和，禔躬康泰为无量颂。兹启者。刻有友人由远方携来志书两种（一台湾《恒春县志》传抄本，二十二卷，计八本；一《彰明志略》，乾隆刻本，十卷四本，陈谟撰）。不识先生处此两种有否？如无者，即希赐示，以便送上法阅可也。专此布奉，敬请

崇安

聂星波谨上

三月廿三日

回信请寄龙门路新药业公会交，不致有误。

[请任心白先生代覆，公司现不买志书。张元济拜托]

---

　　* 聂星波，曾任商务印书馆发行所美术柜职员。

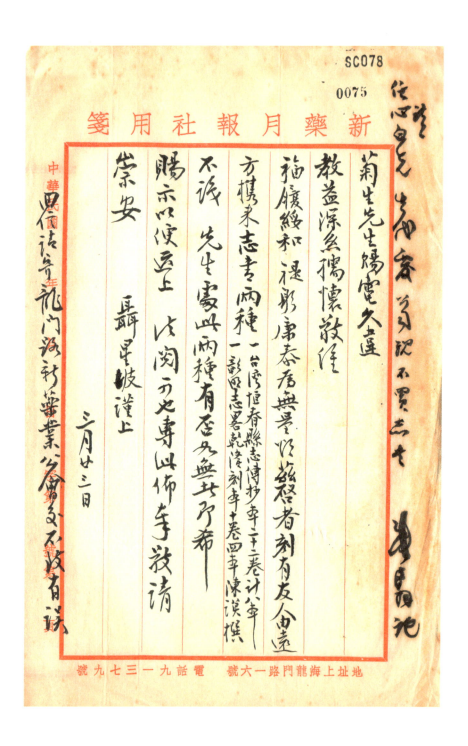

25. 陈昌孙

陈昌孙致张元济函（□年 10 月 27 日）

菊生仁兄姻大人阁下：

一昨奉大示，藉悉起居增胜，甚慰驰颂。前向宝骅[1]表侄借读恭慎公[2]《春明日记》五册，属阅后送尊处。兹特送上，祈察纳。至弟所得者仅三册，家严现正批览，一俟阅毕，即奉清览不误。先此布复，敬请

刻安

家严命笔致候。

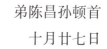

弟陈昌孙顿首

十月廿七日

---

① 许宝骅，张元济内侄。

② 许庚身，谥号恭慎。

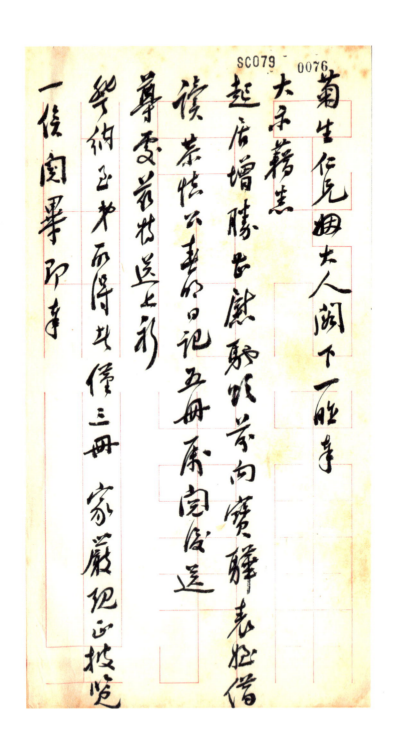

菊生仁兄姻大人阁下一昨奉

大示藉悉

起居增胜无慰驰企茅内滨驿老狂借

读茅恼以春日记五册承宣发迂

尊处苏芸世送上祈

挈纳正本而得共偿三册家严现正校阅

一俟阅毕即寄

196

请览不误先此布复敬请

到安

家严命笔殊惫

此陈召孙寿

十月廿七

26. 丁福保 *

丁福保致张元济函（日期不详）

菊生先生道鉴：

隆冬维道履康固为颂。弟自《说文诂林》出版后①，即从事编纂《群雅诂林》②，于《方言》《释名》亦各为一编。数载以还，草稿略具，其中《方言》部分除扬子云之《方言》、杭大宗之《续方言》及章太炎之《新方言》等外，于专辑各省中一地方言之书，如胡文英之《吴下方言考》、今人杨树达之《长沙方言考》〔此书沪市如有售本，乞托发行所代购一分〔份〕。张元济托〕等亦在罗辑之列。惟陈石遗先生所修《福建通志》中有《福建方言考》等，尚未采及。日前拟向商务印书馆借阅《福建通志》，据云此书现由尊处借阅〔此书早已归还，乞饬查，并托馆中同人代复。张元济〕，用特函恳左右于阅毕之后，即请转借于弟，乞随时示知，以便派人前来领取。如尊处一时未能阅毕，或并不亟亟，而可先〈下缺〉

---

* 丁福保（1874—1952），字仲祜，号梅轩，晚号畴隐居士、济阳破衲，江苏无锡人。幼承家学，私淑吴稚晖，肄业于江阴南菁书院。1896 年中秀才后，设帐教书，自学文史数学，其后再进苏州东吴大学、上海东文学堂学习。1900 年前后因勤奋过度，积劳成疾，乃潜心医学，师从博通中西之沪上名医赵元益（静涵）。1903—1905 年任京师大学堂教习，1906 年组织公会，并致力于翻译书籍。1909 年应试于南京两江总督举办的医科考试，获得优等内科医士证书，并被派赴日本考察。回国后在沪开业行医，创办医学院、疗养院，并设立医学书局刊行医书。

① 1924 年首刊。

② 未刊。

菊生先生道鑒陸吾作

道復康周为頌弟自说文詁林出版

皮收尾事偏纂爾雅詁林於方言釋

名六名为一编數載以還卅编晰其中

方言部分陳楊子雲之方言杭大宗之續

方言及章太炎之新方言等外於專輯之

者中一地方言之書为胡文英之吴下方言此吉滬市友多偕在乎之託寄奇

考今人楊樹達之長少方言考等必为而代覓一分敬乞詧存

上海白梅格路二〇四號　電話三一八三七

199

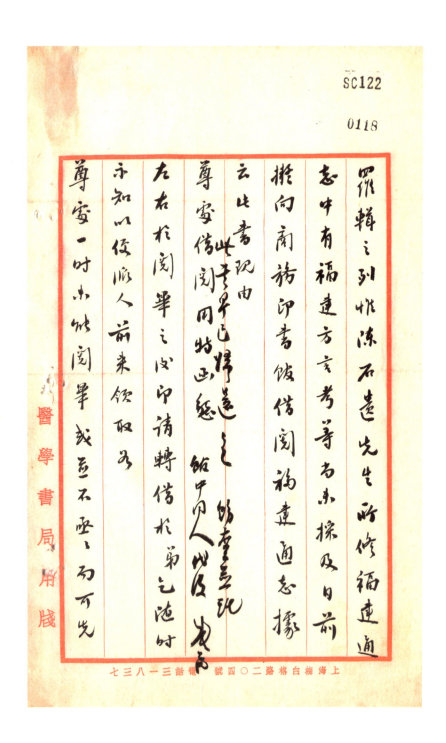

27．杂件

《唐音统签》目录（1936 年 9 月 22 日）

唐音统签（自甲签至壬签共一千卷，癸签三十三卷）

甲签　六七叶

乙签　七一四叶

丙签　一四五九叶

丁签　三八二八叶

戊签　二九二三叶

己签　七八四叶

庚签　一三四六叶

辛签　七三八叶

壬签　一一六叶

癸签　三五四叶

　　　一二三二九叶

［徐森翁[①]代查。］［25/9/22 孙伯恒[②]君寄平。］

---

① 徐森玉。

② 孙伯恒，名壮，商务印书馆北平分馆经理。

132

SC137

0132

唐音統籤　自甲籤至壬籤共一千卷　癸籤三十三卷

甲籤　　六七葉

乙籤　　七一〇葉

丙籤　　一の五九葉

丁籤　　三八二八葉

戊籤　　二九二三葉

己籤　　七八〇葉

庚籤　　一三の六葉

辛籤　　七三八葉

壬籤　　一一六葉

癸籤　　三五の葉

以下多付虚

一三三二九葉

第

葉

二、海 外 篇

1. 施永高[*]

（1）施永高致张元济函译文（1913 年 1 月 15 日）

译文　一九一三年一月十五日

元济先生鉴：

谨启者，敝处 Mr. Michael J. Hagerty^① 近年以来翻译中国农事论说，且得 California 大学校中国学生之臂助，故对于 Tsai Hsiang^②《荔枝谱》确切原文颇为注意。鄙人知此项论说业已在 Tsai Hsiang 著作内再版，此书出版名《端明集》，拟托阁下搜觅一册，以备敝处议院藏书楼^③之用，倘无法办到，可将该著作内《荔枝谱》并《荔枝故实》拍照寄来。此事 Mr. Hagerty 曾已函致阁下询及。鄙人曾见过《荔枝谱》三本，系 Tsai Hsiang 所著，系从石头上揩刷而来，其中两本存议院藏书楼，其余一本存广东岭南学校阅书室。再，此间议院藏书楼亦有原文附本两本，完全木版，但此两本彼此不同，似较在石头上揩刷者尤为完备。倘阁下知揩刷而来之最老原文何处可觅，殊为欣盼，觅到原文拍照寄来，俾资参考，尤所盼望也。敝处关于水果论说中，《荔枝谱》一项为最早之博考，故对于原文极为留心，务祈帮忙搜觅，俾便译英可望细详，不失中国原文之精意，使中国对于科学研究之农业家无不注意及之。专此，并颂

---

[*]　施永高（Walter T. Swingle，1871—1952），美国农林学专家。1918 年作为美国国会图书馆代表到中国各省采访地方志，回国后继续间接采购，直至 1928 年。1926 年作为美国图书馆协会代表来华考察中国图书馆事业。

①　哈格蒂（1876—1951），即后文中哈葛德。

②　蔡襄，字君谟，宋代兴化仙游人，《宋史》有传。

③　美国国会图书馆。

年安

司温辩耳顿首

一月十五号

譯文 一九一三年一月十五日

元濟先生大鑒 謹啟者 敝處 Mr. Michael J. Hagerty 即年

以來編譯中國農事論說且得 California 大學校中

國學士之贊助 故對於 Tsai Hsiang 荔枝譜研究原

文頗為注意 歌 知此項論說業之主 Tsai Hsiang 著作

內有版此書名端明集擬托 敝揆究

一冊以備 敝處議彼藏書樓之用 依手法分別印寄

該著作內荔枝諳並荔枝故實拓此筆業此

專此 Hagerty 寓之主政 敝絢及鄙人曾

商務印書館啟事用牋

SC131　0120

見過勳枝謂三本係（Sai Hsiao）所著像從石
頭上拓刷而來其中兩本在慷隱藏書樓文館
一本在廣東嶺南学校圖書室再此兩向版
洗藏書樓亦有原文時本兩本完全木版
伍此兩本彼此不同似係在石頭上拓刷者尤為完
備佑　寶知拓刷而來之最老塵文仰廈
覓殊反欣欣覓到原文拓此寄來俾資参
考尤所盼也　弟廈　岗桜水果論後中蘇枝

商務印書館啟事用牋

SC132　0121

譯一段為最早之博考，故於原文極為留心，務祈幫忙校覺，俾使譯英可靠，個詳不失中國原文之精意，使中國對於科學研究之農業家無不諳悉，及之專刊出版年中也。

同澧拜耳拜啓

一月十五日

商務印書館啓事用牋

（2）施永高致张元济函译文（1920 年 2 月 25 日收）

译美国图书馆施永高君致张菊翁原函 ［1920/2/25 来］

菊生先生伟鉴：

敬启者，敝图书馆荷蒙先生代为搜集大批志书，甚为感激。虽价目似乎昂贵，但仍请继续收买，而以府志、县志为最要，弟深喜。科克君（O. F. Cook）亦曾为敝图书馆购买湖南府、县志多种。兹附奉新坎纳来（Kennelly）目录一册，敝处所已有各志均经注明，前留尊处注有记号之坎纳来目录一册已不适用，请即寄还为荷。弟现拟购安徽、湖北两省通志，不识先生能以何价代为购到。《湖北通志》弟悉外间甚少，但尊处或有出售。又《大清统一志》[1] 恐有数种，如请代购佳本一册，约需价几何，亦望一并示知。先此奉恳，不日容再续闻。弟深望来年得再来华一行，但未知能否成为事实耳。嵩此，顺颂公绥

弟施永高谨启

---

① 　《大清一统志》之误。

譯菴閣主書頗施示高見及張菊翁原函

菊生先生佛堂敦啟共辦公書館荷蒙

先生印為搜集大批志書甚為感激雖償目似乎

昂貴惟但仍請繼續收買而以二府志縣志為最要

此深喜科克君（O.K.Cook）品曾為敝公書館搜

買湖南府縣志多種并肯新搜納來（Kennely）

目錄一冊敝處所已有之卷為場經註照荷當

等委省記号令之坟納來目錄一冊已不適用諸印

商務印書館啟事用箋

1920
2/25

睿此为荷 此现拟赌去徽湖北邶省通志否

议

先生能以代赁代为赌刊湖北通志此恴亦间

书此但
有法售

于来武汉代赁既且 又大清统一志 竟有数种乎

请代赌住东一册约价寄赁 敢句品些一示升

乞知先生正孝观五日亲 再续间 中深望耑年

浮再来华一行但未知能否 成为事 实再宝顺顷

公谊
　日绪永高 谨启
商务印书馆启事用笺

（3）施永高致张元济函译文（〔1920 年 3 月〕）

中国上海商务印书馆经理张

菊生先生大鉴：

　　接读二月二十八日发来之大札，快甚。承于古书流通处代购各书，谢谢。惜近来地理志一门价目增昂，京沪间如斯，内地或不竟然。忆去夏柯克 Cook 君偕同金陵大学毕业生叶君游历湖南、江西二省，买得地理志多种，价值极廉，均合每部墨洋十元。倘蒙函托贵馆在内地之各分店访购，或能较廉。虽然凡敝图书馆所缺之县志如不能廉价购入，自当根据市价，尤望旧府志能购成全套，庶不向隅矣。

　　前承在广东代购各书，兹寄上汇票一纸，恐有不足，望向银行索得汇兑单，与共兑成墨洋几何，由银行执员用墨水签字，连同尊处收条一并寄下，不敷若干，当即照补。前接贵馆一九一九年三月十八日开来发票一纸，系为鄙人代购书套四十一个，计洋念元五角，运费念一元八角，装箱费四元五△，回佣五元八角五分，共墨洋五十三元六角五分。兹寄上纽约汇票计美金五十元，不知所缺几何，再为补寄。夙闻哈同君已将其道经翻印，不知确否？如已翻印，售价若干？望示知。

　　承询敝图书馆目录一部，不日另函答复。其目录均系拍出而非印成，各种样页容后寄上，并附解说，以便尊处择购。来示所言关于 Imperial Catalog 不甚详晰，因该目录共有数种，不知所需何种也。敝处寄存尊处之英文发票，望下次除正页外，再寄下空白副页一纸，签好字，若账目有误，即可在副页上更正，而无须将原页寄回，徒费时日也。屡烦代购各书，感激无涯。

　　再有恳者，敝处于宋版各书极欲购得一二种，尤望能获得关于宋版中国艺术史类，不知能否代为觅访。素知先生喜藏古书，若于宋版各书而为尊处已有者，望即代为购下。良以时有游人来鄙图书馆参观，惜无好宋版书示阅，诚憾事也。

二月廿五日曾寄上 Kennelly's 目录一本，其已为鄙图书馆购得各书已经标出，随后又收到书多种，名目另列一单，望在该目录内一一标出。

中國上海商務印書館經理台鑒

菊生先生大鑒接讀二月二十八日惠来之

大札快若承

搜古書流通古代媾之書謝々惜近来地理志

一門價目增昂即京滬向以斯為地或不竟此憾

去夏柯克先生偕同金陵大學畢業生葉

君游歷湖南江西二省買得地理志多種償

值極廉好書立郵墨样於兄備蒙函詢

贵馆在内地多设分店访购戌钞较廉难以

凡报告书籍所载之县志及不能廉价购得入官当

根据市价为准旧府志能购成全套广向渭关

前承主广东代购之书前寄上汇票一纸恐有

以足证向银行索得汇兑单据先成墨

竹由银行职员用墨水签字连同

另安内寄一并寄下以数若干当印之补前挂

贵馆一九三九年三月十日闽未菴票一纸俾寄鄙人

216

代購書畫四十一吋沙連元五角運費全畫

元八角紫箱費四元五○回佣五元八角五分共墨

洋宇五元八角五分並寄上紐約匯票計美

金三十元八角新軼歲何再為補寄風聞嗡

同君已將其道經翻印如知確認已翻印售

償考平些　王知那

询嘱查書館目錄一部如日另函答復甚目

錄切保柏出而非印成之稿樣頁意尚書上

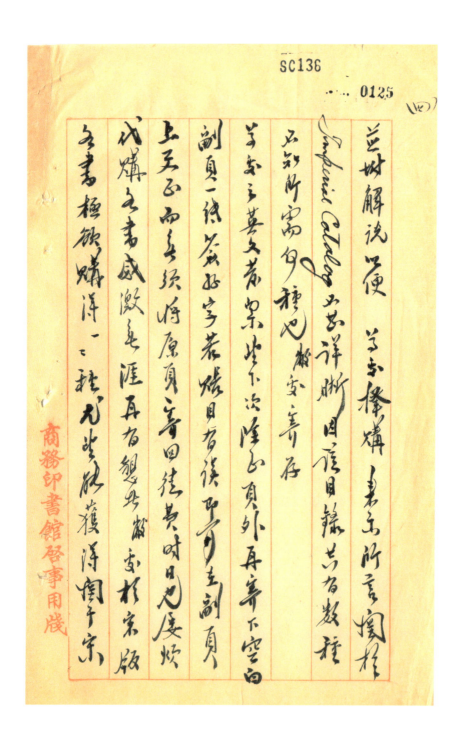

纶中國藝術文類 五種皆甚有代考覓訪書知

先生善藏古書蒙揮宋版之書而尚

以来已有此然不代为購下夏以时有游人未

鄙意書館参觀惜乎好宋刻書不构被城

事己二月廿五日 留为寺 上 Kennedy 目録一本甚

已为卸意書館購得多書已经揮去随近又

将到書多揮名目多到一年必生诸目録内

二樘专

（4）张元济复施永高函稿（1920 年 4 月 16 日）

复施永高信　9/4/16

接二月廿五日信，诵悉。属购各省府县志书，虽时价增加，仍照旧进行，自当遵办。寄来坎纳来目录一册，业已收到。即将去年所交一册寄还。惟直隶省宣化县、江苏省元和县、山东省邱县、四川省崇宁县旧目内已经×去，而新目反无之，未知何故。又河南省旧目有南阳府无南阳县，新目反是，想系误笔，望查明见示。又敝处近在北京代购到各志，计　①种，均系按照旧目采买，其中有　种在新目中已经用红笔×去，想必系 Mr. O. F. Cook 为尊处代购，但敝处先未知悉。兹附去一单 A，请与寄还之旧目一查便知。现姑与原店商量退还，但恐其未必允许，不知尊处能照收否。另有　种，同时在京买来，其书稍有损坏，容修好再寄上。兹先将清单 B 寄上，乞查收。敝处久已将旧目（各省，除广东外）抄寄各省分馆，一时不及通知，恐将来不免有与新目重复者。嗣后如尊处转托他人代买，务祈先行示知，指明某省除出，如广东省之例，庶几可免重复耳。安徽、湖北两省通志，敝处遵为访求，安徽已购得一部，价四十元，惟湖北极不易，敝处亦未购得。去年在京见一部，印刷极不佳，非二百元不售，以其价昂故只可不买，后不久闻有他人买去矣。《大清一统志》殿本②最好之纸闻须四五百元，次者亦在二百元以外，广东翻版亦一百余元，尚有石印缩本③，则字迹甚小，价亦较廉，每部不过　元之谱，如欲购何种，乞示知，当为代办。阁下明岁来华，闻之甚喜，倘能成

---

① 原文空缺，下同。
② 乾隆九年、乾隆五十五年、道光二十九年武英殿皆有刻本。
③ 光绪二十三年（1897）杭州竹简斋、光绪二十八年（1902）上海宝善斋石印本。

行，望先期见告。

[请托韦荣甫君代查。]

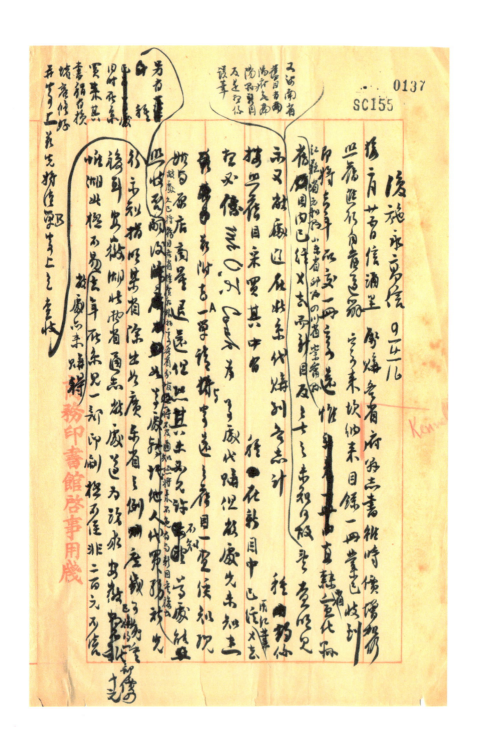

以其便易昂贵祇五不贾用闻亦他人贾者多矣大陸一统志

廠本誠如尊咸四处元次去六仟二三元以给廣东翻版亦多

可售元者有石印倘未别各踪步小价亦给廉每部

不過

元三滬先数捊日稜之　　五知貴处代羅

尚下明歲来華闻之尚有辦事官柳錢成行也

先烈兄矢

请诙

书業

尚展

（5）施永高致张元济函译文（1920 年 9 月 25 日）

译文　1920　九月廿五号

美国华顺顿农部藏书楼会长司温德耳来信

元济先生大鉴：

兹者接奉尊处七月二十二号信，附来六月二十三号所开书账单一纸，即系六月十五号由上海装苛伦布船运来之书籍也。其中有《安徽通志》多出一部，此系鄙人之错误。就现在运到中国重要省分内之通志书，除湖北、江苏两省之外，其余均各至少已获一部矣。此两省所缺志书，祈从速代购为感。今寄奉敝处议会藏书楼中在两月中所集中国地志书书目单两纸，但此单所开志书名目与尊处六月二十三日来单（此单已拍照附还）内二十五种并不在内。

敝处议会以后尚须续向尊处购办中国无论何处地志书籍。广东省前次购单内未曾开进，故未办来，谅邀洞悉。于添置地志书籍，鄙人最为注意，府志尤为留心。至敝处议会藏书楼中，尚拟在已搜集之志书中他种出版之志书外注明加圈，如泐、缺、劣等字样之佳本，前亦曾请阁下照办。四川、广东两省志书因不齐全，曾在原单上注明，此种缺页现已补上，故此两省志书请不必购矣。

福建、云南省地志请加意设法购来为感。就此重要两省中所得志书甚少，如见有广东省志书，无论何种，亟需购进。盖鄙人现在考察南省农业出产如橘子、文旦、柠檬等水果甚盛故也。近来收到山西阎锡山督军寄来新出版（Chih Wu Ming Shih Tu Kao）① 一书，其序文中申明此书已在山西省印刷局中出版，烦代托北京贵分馆代办翻版大

---

① 吴其濬著《植物名实图考》。

号字十本，请寄广东教会学校 Christian College① 教员 Prof. G. W. Groff②，非律滨小吕宋 Director of the Bureau of Science，Dr. E. D. Merrill③ 各一本，其余八本请装运来美，交鄙人收可也。

再，鄙人近来将各种所存志书编成目录［指植物言］，连贵馆新出版者亦编列在内。目录编成，鄙人拟就诸书中所载植物名以腊丁文字定以名称，较易且不致误，目录样张内中注明如何用法。是当早为寄奉也。此请

日祺

司温德耳具
九月二十五日

① 即格致书院，岭南大学前身。

② 高鲁甫（George Weidman Groff），毕业于宾夕法尼亚州立大学，园艺学家，1907 年由美以美会派至广州岭南学堂任教，是首位来华的农业传教士。

③ 梅里尔（E. D. Merrill，1876—1956），博士，植物学家。1902 年到美属菲律宾马尼拉服务，先在农林部，后在国家实验局任职，最后任科学局局长。1924 年返美，先后任加里福尼亚大学农学院院长兼农业实验场场长，纽约植物园园长，哈佛大学植物学教授兼阿诺德树木园园长和哈佛大学植物标本总监。

0115
SC126

譯文 1920 六月廿二日 〇〇

美國華順頓農部藏書樓會長司溫德耳來信

元濟先生大鑒茲者接奉尊處七月二十二號信附來六月二十三號所

開書賬單一紙卽係六月十五號由上海裝荷倫布船運來之書籍也其

中有安徽通志多出一本（新）此係鄙人之錯誤就現在運到中國重要省分

內之通志書除湖北江蘇兩省之外其餘均各至少已獲一份（新）此兩省所

缺志書所從速代購爲感今寄奉貴處會藏書樓中在兩月中所集中

國地志書書目單兩紙但此單所開志書名目與尊處六月二十三日來

單（此單已拍照附還）內二十五種並不在內

商務印書館啟事用箋

機字打文華製自館本

226

敝處議會以後尙須續向尊處購辦中國無論何處地志書籍廣東省前

次購畢未[内]曾開進故未辦來諒遜洞悉於添置地志書籍鄉人最爲注意

府志尤爲留心至敝處議會藏書樓中倘擬在已搜集之志書中他種出

版之志書外注明加圖如[印歐陽]等字樣之佳本前亦曾請閣下照辦

四川廣東兩省志書因不齊全曾在原畢上注明此種缺頁現已補上故

此兩省志書前不必購矣

福建雲南省地志請加意設法購來爲感就此重要兩省中所得志書甚

少如見有廣東省志書無論何種亟需購進盖鄉人現在考察南省農業

商務印書館啓事用箋

本館自製華文打字機

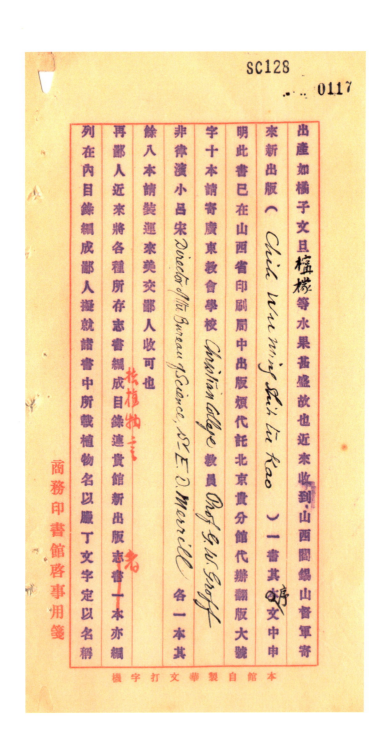

出產如橘子文旦檸檬等水果甚盛故也近來收到山西閻錫山督軍等

明此書已在山西省印刷局中出版煩代託北京貴分館代辦翻版大號

來新出版（ Chik Wu ming Lei lu Kao ）一書其䃼文中申

字十本請寄廣東教會學校 Christian College 教員 Prof. G.W. Groff

非偉濱小昌宋 Director Mus Bureau of Science, 12 E.D. Merrill 各一本其

餘八本請裝運來美交鄙人收可也

再鄙人近來將各種所存志書編成目錄遞貴館新出版志書一本亦編

列在內目錄編成鄙人擬就諸書中所載植物名以臘丁文字定以名稱

商務印書館啓事用箋

本館自製華文打字機

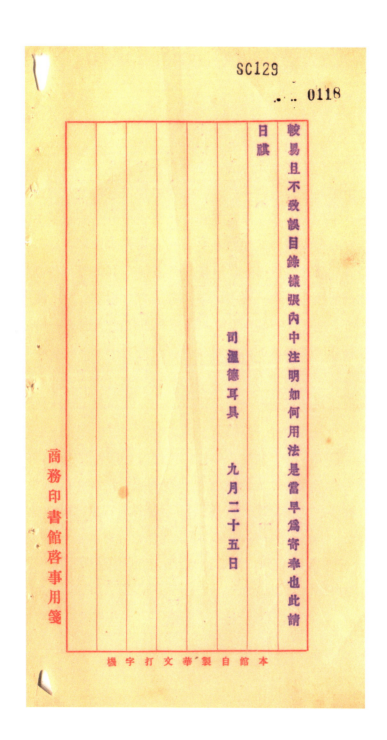

較易且不致誤目錄樣張內中注明如何用法是當早爲寄奉也此請

日祺

司溫德耳具

九月二十五日

商務印書館啓事用箋

本館自製華文打字機

(6) 施永高致张元济函译文（1921 年 2 月 2 日）

译文　1921　二月二号

元济先生鉴：

今日由邮局挂号第四一一二〇一号邮袋，退奉《安徽通志》并安徽省报纸共十二包，系上年夏间鄙人托购者，但此项同版书籍在议院藏书楼早已购存，包件系二二八三号至二二九四止，并有鄙人自做暗号码。请将此项《安徽通志》更换别种或地志书籍等，备存此间藏书楼中，其价值须售与藏书楼中之《安徽通志》相等。附上藏书报纸目录补单一纸，至 1921 年正月为止，补单即作前次送上一份之用，请为录入尊处新闻目录单下，注明以后应购备之报纸，并祈将来附添之报，务期办到。

鄙人前曾托购广东省书籍，比以 Prof. G. W. Groff 教授现在此间，可不必向该省购矣。但拟请金陵大学极力设法购置安徽或江西省报纸，已函请 Bowen① 监学，一俟定当何省，即转知阁下，故现在不必向该省去购，且待鄙人函致可也。搜购报纸之事，鄙人极为留心，未知阁下办得如何？湖北、江苏报纸至今尚未寄到，请代速寄为要。《湖北通志》书如有完好者，鄙人愿出洋二百元之数。《四部丛刊》并《廿四史》定单有否收到，均要连史纸，底面均注明目录，并用夹板套装钉。此托，并请

新禧

二月二号

① 包文（A. J. Bowen），金陵大学首任校长。

○○先生：

　　兹者《四部丛刊》与《廿四史》传单由美国寄来，鄙人曾函购连史纸一部，书底面均要注明书目，用布套装钉。至《廿四史》，鄙人拟请特别减价，作一百九十元算，底面亦要注明书目，布套装钉，既用布套，不用胡桃色书面，价目是必可减让。又，《增订丛书举要》，鄙人亦拟要购两部。上年农业部收到尊处寄来一部，印工甚劣。请寄印刷精良之本，书中题号均能一目了然，因此书为我美人所看，此为最要紧之事。又，各种图书汇报并月送书目单以后寄我可迳交农业部鄙人收，以便无论议院藏书楼或农业部随时可购定也。

　　再，附上《增订丛书举要》目录印工甚劣之照相一纸。

正月十九日

译文

1924
二月二号

元济先生阁下 今日由邮局挂号第四二二〇一发

郑孝逊君寄来通讯言此安徽省郭氏共十二包

倏上年夏向郭氏托购者惟此项开版书籍存

议讫藏书楼早之购存色件三二八三号至三二九四

此並有他人自做牌号码请将此项安徽通讯更

换别种或他处书籍等备存此向藏书楼中

其价值须集共藏书楼中之安徽通讼相等

世上藏书报纸目录补草一年之 1921 年正月

为止补草所作前次送上一份之回请为录入

学庚新闻目录草下注明以後惫惫备之

報紙並新聞事俱係之報務期派訓練人前
會托驅廣東省書館藉此以 Card, U.S.W. of Paris 寶
教授現在此間亦不必向該省購買但擬請金
陵大學教授設法購置安徽或江西省有報告
乙並請 Baren 監學一俟定當何者即將知
向坊似宜不必向該省去購並待何人五
政亦授贈報紙之事人抬為寄心未知
南京雅得為湖北江蘇報亦今有畢業宮刊
請長速定寄為一套湖北通誌書外有完全
者都八頃去匯二万元之數四部叢刊並廿四史

宝草十有无必刊均，要连史毕底迄均
注明目录 並用夾板裝衬此花 並请
新禧

三月二三

⋯⋯兄弟四新書刊此苗史待序
由美国寄来 勇玉媵连史派一部
書衣而约要注明書目 用布套裝衬
⋯苗史殘 拟请特别减价作释之算
衣而亦要注明書目布 裝衬此用布
套石用胡挑色書而价目是必可求讀

又擬訂叢書舉要前人亦擬要嫌兩部

上年農業叢書新出引亦廣宜集一部

印工芘芳請寫明印刷精良之本某年

竟之均然一目了然因此書為我美人所

居此為最需寫明某種圖書寄

報並呈書目年以後寫明我心選之

農業新人以俟各論議後藏書樣

或農業新出時乃雄定也

再望上擬訂叢書舉要目錄印工芘芳

之與相一派

有十九日

（7）张元济复施永高函稿（1921 年 3 月 20 日、24 日）

覆施永高信　10/3/20

施先生阁下：

敬启者，今致书于左右，先向先生请罪，即叠次接先生来信，均未答复，至为抱歉。缘去秋因事入京，又在本籍建筑阖族祖祠，常常回里。先生信中所言之事又非他人所能代办，而余又不能自缮英文。有此种种原因，致未能即时答复，总祈先生原宥。寄来 Two Complete sets of the list of Gazetteers in the Library of Congress Collection 及历次寄来之 Supplement up to Junuary 1921 均已收到。

先生要续买丛书，余当属上海书店开出所有丛书清单，并托北京分馆转托相识之书店照同样开出，随后寄上。但恐所开条件如先生一千九百二十年十二月十一日来信所举各节不能一一开列清楚耳。

［10/3/23 函托京馆书目同时寄去，并告韦荣甫。］

先生所编之丛书目录如已编成，甚盼见示。本馆影印《学海类编》比原书较小，原书甚不易得，敝馆故影印。预约黄纸五十元，现售七十元；白纸预约六十元，现售八十元。贵馆如需购用，乞示知。

本馆出版《涵芬楼丛书》仅出五种，书甚平常，故不寄去。至《涵芬楼秘笈》，已出第三集至第九集，又有《宋人说部》，均有名之书，已出二十余种，均属同时寄去。由敝公司发行所制成布套寄去，并开发单奉阅。

［已知照发行所，并将书交谢燕堂修好。］

《四部丛刊》出版后，因外国经寄售书店尚未商定，国内定购者纷纷而来，所印仅一千部，不敷销售，故英文传单虽已印好，未敢寄奉。今承先生定购，至为感谢。惟是书分六期出版，大约一千九百二十二年十一月方能出完，第一、二期已出之书亦已售完，现在再版四百部。惟第三期书总印一千四百部，于一次印成。故先生此时定购第三期书反可先取，而第一、二期之书必须再版印成，随后陆续交付。兹寄去目录一本，内附第一期详细书目，又第二期详细书目一张，并英文传说明书一分〔份〕，统祈察入。但有一事，先生属代制布套，甚觉为难，缘此书并不依照目录次序出版（请看第一、二期详细书目便知）。如将已出之书先做布套，则将来全部出完，所有经史子集次第必致错乱，若一种一套，则未免费钱太多，且有种一册者或两册者亦不好看。敝处商量再四，尚未有妥善办法，可否俟全书出齐，按照经史子集次序排好制成布套，再行寄去，乞示知。

是书白纸者预约价墨银五百元，印书根三十二元，现因第一次预约期满，改为六百元，连书根在内，但先生定购可以仍照第一次预约，例收墨银五百三十二元，惟寄费不在内，即祈将书价汇下，当将预约券寄奉。

〔已知照定书柜。〕

《廿四史》已全数售完。此书系用乾隆四年殿板影印，现不再版，无以应命，甚为歉仄。但敝馆欲搜集更精之旧本（合宋元明清四朝之板）另印一部，此时尚未十分决定，将来决定影印之时再行奉告。但书价必须增加，总在一百五十元以上，缘收罗旧本甚为不易也。

敝馆现又印一种丛书，名曰《续古逸丛书》，均用宋本影印。第一种为《孟子》，共七本，第二种为《庄子》，共五本，已经出书，用最上等之中国纸印刷，书之尺寸为 9.5×15.625，每部定价十四元，无折扣。第三种为《说文解字》，第四种为《曹子建集》，现正在印刷中，尚未定价。先生如欲购买，乞即示知，缘影印无多，购者甚众也。

敝馆出版书目及传单已属该主任随时寄奉，并将大名列入 mailing list 矣。

237

寄还《安徽通志》十二包已经收到，退还原售书之书店不能办到，即由敝馆收回另售可耳。

［已送本公司图书馆。10/3/23］［此事未办。］

属代买志书，极思遵办。仆为敝公司附设之图书馆收买已久，亦甚注意，但有三难：一、吾辈已购得种数不少，所缺各种均甚罕见；二、现在书价甚昂（但现在金价甚贵，在贵国视之或未必觉其价昂）；三、敝公司分馆职员能明白旧书者甚少，欲其审查该种志书为何时所印，为何人所纂，有无缺少，殊难胜任。因此三难，故恐不易报命。鄙意只可将尊处所未有者开单，令各分馆采购，或可买得若干种。若于贵馆已有之志书而欲买其另一种 Edition 者，则恐办不到，反致错误。此事只可由鄙人自己为先生留心。今年拟再往北京或赴广东，彼时代为采买，在上海亦当代为留意。

［将来要除去安徽、江西。］

云南、福建两省各志书极不易买，贵馆未有之府志均当留意收买。Mr. Jian Mun-Ling① 现在北京大学校代理校长，其人并不藏书。另有敝友蒋君梦蘋②藏旧书甚多，志书亦不少，其人生存并无出售书籍之事。

《湖北通志》极不易得，敝处图书馆亦未有。先生出价墨银二百元，恐买不到，能再增加否？《江苏通志》要否？乞示下。本年二月二日来信不甚明析，故再问明。殿板《一统志》亦甚少见，容为留意。《元一统志》Yuom Ｉ Tung Chih 从前钱大昕曾见之，不知后来何以散佚，各家藏书均无此书，惟常熟县瞿氏有抄本数卷，为蜀省均州一卷、房州一卷、通安州一卷、鄜州二卷、葭州三卷。尊处如欲得之，可以托人抄出，乞示知。贵馆所有直隶六卷，将来望用照相法影寄一分〔份〕，即彼此交换，何如？

---

① 蒋梦麟。
② 蒋汝藻（1877—1954），浙江吴兴人。字元采，号孟蘋，别署乐庵，藏书家。

另，编《四库全书目录》，敝处有此意，然迄未能办理，因能办此事之人都无余暇也。敝国政府拟将此书全部影印，因财政困难难于实行，欲委敝公司代印，因工事过巨，不敢担任。此书全部约略估计至少须售墨银三万元，恐能购者亦甚少也。

《增订丛书举要》系在江西用活字印行，手工甚劣，并无清楚之本，故不敢代买。山西省之《植物名实图考》Chih Wu Ming Shih Tu Kao，去年九月廿五日来信属买十部，久未办奉，现在尚要买否？乞示知，再办。先生所订定植物拉丁名称，甚盼见示。刘翰怡 Liu Han-yi① 允将续印之书送先生，张钧衡 Chang Chuen-Hun② 亦允将《择是居丛书》所缺一种送上，但均未送来。

［请汪康年先生转交李渭林先生译成英文。张元济。10/3/21］
［施君名姓、住址原文附阅。］

再，购买志书一事，有他处代君购买，故敝处代买有时不免重复，迨敝处寄到美国，尊处查出，如不退还，尊处留之无用，如再退还，隔时已久，敝处亦不能退还原店，事属两难。此事有何法可以解决，并乞斟酌见示。

右致施永高君附笺。
［张元济。10/3/24］

［李渭林先生，请将此纸另译一纸，附入施君信内。］
［此稿与英文稿不同，后有更改。］

---

① 刘承幹。
② 张石铭。

239

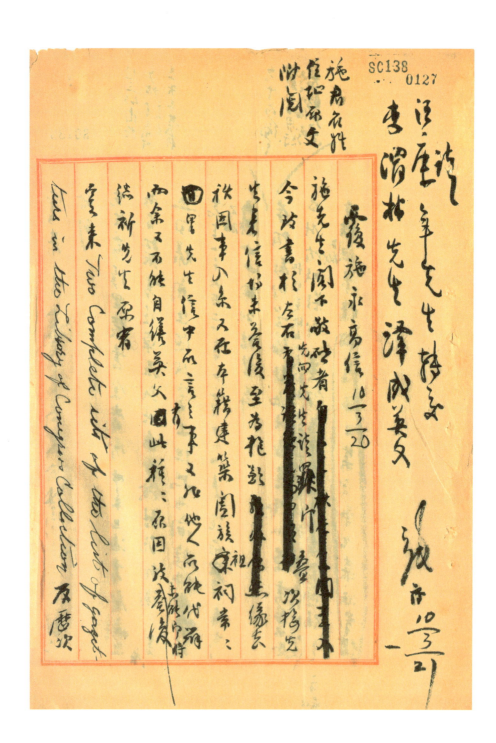

寄来之 supplement up to January 1921 地址

先生高续罗丛书余当属舁本上海书店

所有丛书佳单益就此条分缕析沈相衡之书

照样开出随後寄上但此所开条件

先生二十六日十二月十一日来信所举参差

不齐而颇二册列请楚年

本馆影印学海颣湘此原书颇小原书甚名场

揆照黄纸五十元现领七十元白纸领作六十元纸值送

乃修陪放影印贵馆为

本馆涵芬楼

学第三集上第九集涵芬楼

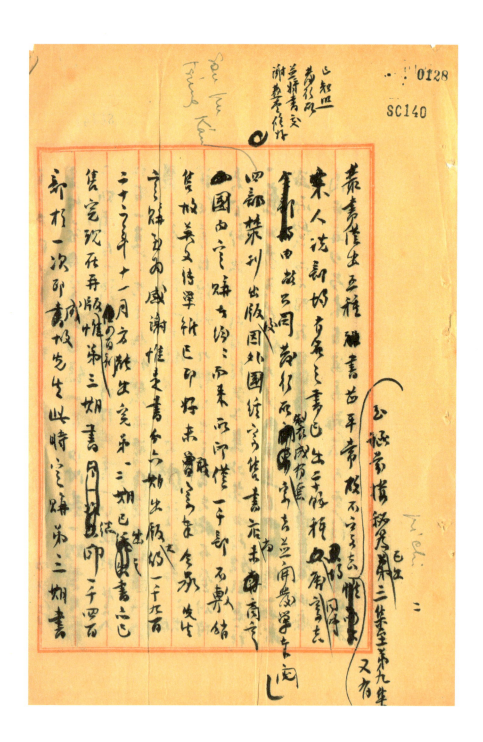

弟子意那麼弟一二期之書必須年脱即成滴賣 隨後

身作前☐寫書目錄一本內附弟一期書目弟
詳細

二期書目一張並與文修改照書一分後补套入
詳細

仍有一事先生屬代製布套
書面頁

競書亞亞百依四目錄次序出版☐（書面頁為雅緣此面）著彦弟一二期

詳細書目（後知）☐特已出之書先做布套刻將

未全部出完所有經男子集款本也陸續就是種

一套刻未免費付太多 且有☐種一冊者
微慶

却雨賣☐民定不照店☐☐第冊壹後做慶

商量每匊书末齊☐善雅法不要後全書出齊

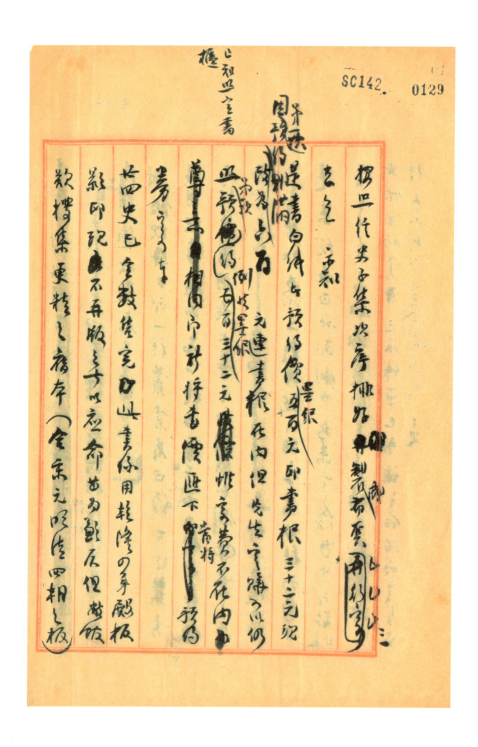

另印一部 此時尚未決定 至弟擬未決之以墨印

至時再將書者但書價如須增加亦能 百四十之以

緣坡罪條本多多多易也

樹館取 至印一種兼書各曰後

用宗本縣印弟一種為要于栽二種為券于

正修生書用最上孝之中國紙所刷中書之尺寸

為 二八十 每部文價十

元年廿扎弟三種為說多紹言弟的種為多于

建築況歷四原印刷中方未之價為多不歇煉

罗了 了 而知緣最印多了久婦ち甚罪也

樹修生的書單目及修望已弟議言展陸付言生至

將東列入 making list 之

245

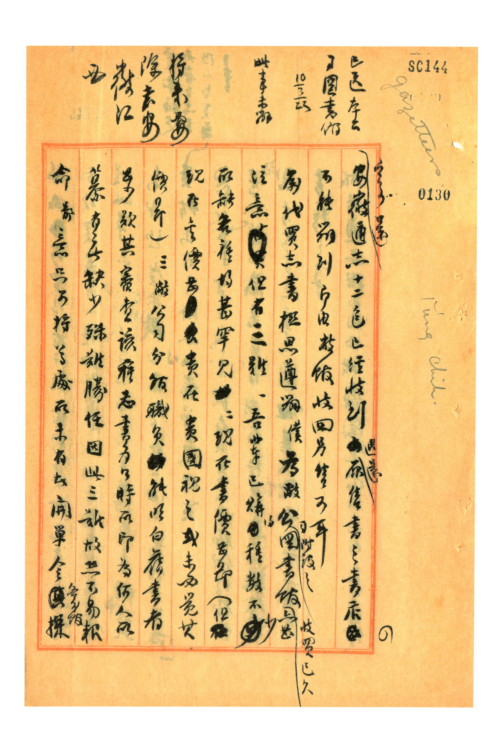

歸或一方買得善本者于每套影寄貴館已有之本書

而欲買其另一種 Edition 古則此類多別友法錯

謹此事共為由新人 自己另多先生為□今年搬居此
　　致時

余成迎廣朱代為來買 於上海商代為買之志

麥館善本影之府志一舊蜀三點煉買

Mr Quin mun Ling 現在此京大學擔代理役央

其人並不藏書易青松友蔣君夢麟先生

廣 書志之 志書之萬元力

其人現存壹千五佰
　　藏

書心弊之事

湖北通志經不易因藏廣圖書後由秉香先生手續

墨馆三万元邸费可到能再增加多江苏通志书名

未卜本年有一分来信不如所料斫殷再阅此

廠拓一統志点费夢兄意为费否

元一統志 yüen I tong chik 含家藏書叩秀此

書従前銷夫听夢兄之不知何来乃以此意

領一縣瞿氏名物车散卷为蜀省将发一卷将发

一卷通常如一卷廊发之卷蔽发三卷尊慶

今款淳之万以为抄生之費俾将发一卷尊慶

将寿书影室之分何待此求极以办

四庫全書四月散慶页此言岂遠未能此元因

能隔此事主人郡寺外室也撒国政府搬将

此書全部都印齊時約需國幣政府新幣三百元

較為便利此因代印之事頗複雜不敢擔任此書全部

缺照估計至少須售墨銀三萬元此乃極難得之

事也

增訂蔡書筆費仍在江西用老字印行今工竣

為望至佳楚之奉候不敢代買

山西省之植物亦富圖考 Chih Wu ming shih

紅國 南方草信用買十部

現亦所有需羅致之 亦刻再寄 久未辦妥

先生所訪定植物捡丁名稱均盼兄示

列報怕欠將續印之書送先生 張 □衡

Chang Shuen-hsu

別報怕欠將續印之書送上倘好寄送來

六先特擇之委叢書兩種一種送上倘好寄送來

Lin Han-je

□□

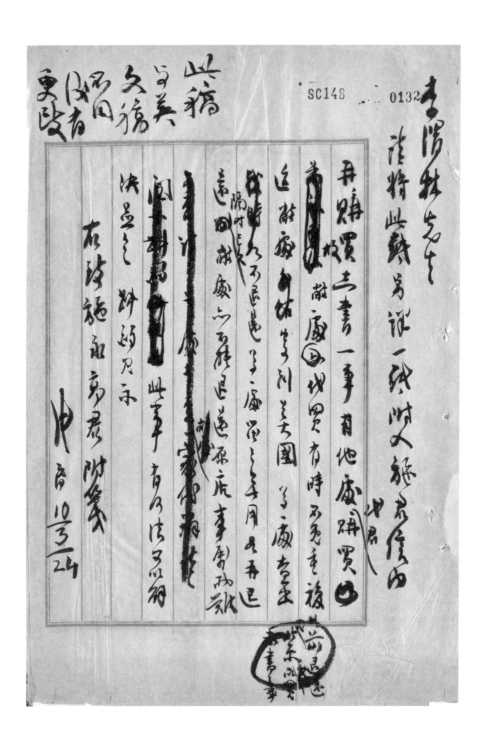

250

(8) 施永高致张元济函译文 (1923 年 8 月 18 日)

译施永高自美国一九二三年七月十三日来信

余二年前邮购翻版《二十四史》一部，迄未获得，未知足下能否代为设法。如无新书，即旧书洁净者亦可。虽此书现已列入《四部丛刊》Szu Pu Tsing Kan 总目之中，但余现亟欲为国会图书馆 Library of Congress 求得一部中国旧式之《二十四史》耳。[12/9/15　已告业务科售与一部，说系预约退回之物。]

罗佛博士 Dr. B. Laufer 为吾国研究华文之最佳者，现方游历中国，想已与君晤面。余之希望中实引罗博士为中国及中国人之良友，盖使吾国人能知过去中国文学之美，罗氏实其人也。彼将向君提议为国会图书馆采办各种华文书籍，就中以福建省之志书尤为需要，盖罗氏适将旅行其地之故。至其他书籍尚未搜集者，自亦当购置也。倘使足下许罗氏就贵各分馆尤以闽省为最，采购价值墨洋一千元以内之书籍，无任感激，且自信此举必可设法得国会图书馆员之赞助也。[请打三分〔份〕。]

前次寄上中国旧时专论耕植问题之译文，其内容实为世所罕闻。哈葛德君 Mr. Hagerty 翻译中文，引为其毕生之事业，故对于汉文极有研究。前欧洲汉译专家俾利奥君 Mr. Pelliot[①] 对其译件认为应予公布，即其佐证。余曾恳托罗佛博士代为搜索《全芳备祖》Chuan fang pei tsu，此书可谓植物学中之百科全书，于一千二百五十三年刊行，详见哈葛德所译俾利奥著《橘录》Chu lu 书中第六页，尚请示知如何可以搜得此书。未知是否包含在手录《四库全书》Szu Ku Chuan Shu 之中（余现避暑海滨，无目录可查）。果尔如罗君未获抄录，尚望足

---

① 即伯希和（Paul Pelliot，1878—1945），法国汉学家。

下代为设法抄示一份为感。

至于下次农学专论，拟译蔡襄 Tsai Hsiang 所著之 Li chih pu《荔枝谱》一书。数月前曾忆告知吾人现所搜集之书差异之处固多，而屡有错误，尤为各书所同。故抄录此专篇时，务请详为校阅。惟此篇大约一部分在杭州《四库全书》之中，其余一部分在北京《四库全书》之中，可无疑义。

顷得一消息，即云南省长现应华盛顿教育委员袁博士 Educational Commissioner Dr. Yen of Washington 之请求，将全部省刊书籍由足下转寄国会图书馆，即请寄下。此后华京能搜集极富中国书籍，实受君惠，可预言也。至中国公家或私人已刊之著作，而坊间无从购得者，但求足下认为国会图书馆应行备置，即请随时指示。贵国男女生留学敝国几二千余人，是不但使彼等得有机会寻求中国掌故、研究经济问题，抑且使一般教授华生之教员心目中亦存有中国学艺精良之敬意。由此以言，在华京建设大规模之中国图书馆，其重要实无过于此者。此间图书馆，除中国、日本以外，允推最大，且其中并有在中国亦难得之书。正如最近在欧洲购得 Yung Lo Ta Tien① 不下二十九本之多，始与国会图书馆已存者汇成全部，除北京学务局② The Bureau of Education 存有此书外，当推此为巨帙矣。

尤有恳者，深望在国内诸文学家前善为措辞，俾可获得其有价值之私人著述，便交就近各贵分馆，然后在上海汇齐打包寄交华京，一切费用自应收到书籍即行照缴。

（完）

十二年八月十八日

---

① 《永乐大典》。
② 由清末京师督学局及八旗学务处合并而来。

入信受	译	转	坐	送	入信去

Ssu pu ts'ung
K'an
Library of Congress

羅佛博士　Dr. B. Laufer

十三年八月十八日　商務印書館總務廳通信稿

入國受		轉		入轉去	

十三年八月十八日　商務印書館總務廳通信稿

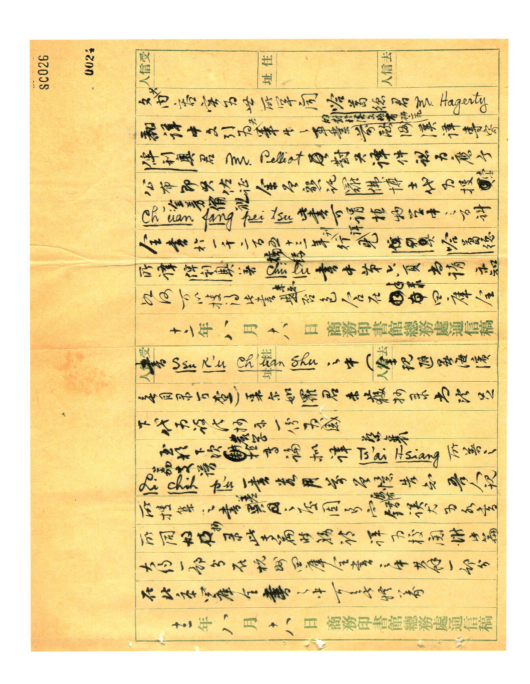

受信人　住址　去信人

Educational Commissioner Dr. Yen
of Washington...

十二年　月　十八日　商務印書館總務處通信稿

受信人　住址　去信人

Yung Lo ta tien

十二年　月　十八日　商務印書館總務處通信稿

受信人　住址　去信人

The Bureau of Education

年　月　日　商務印書館總務處通信稿

受信人　住址　去信人

年　月　日　商務印書館總務處通信稿

2. 育德财团、尊经阁文库 *

张元济复石黑文吉函稿（1928 年 1 月 23 日）

受信人：石黑文吉　住址：日本东京市本乡区本富士町二番地育德财团代表

去信人：张元济

石黑文吉先生阁下：

谨覆者，前月奉到昭和二年九月大函，敬悉前田侯爵克绳祖武，加惠士林，慨出珍藏，影印行世，并颁到《重广会史》上帙一部，开缄展诵，知是书刊印迄今已阅八百余载，在敝国久经亡佚，今藉贵团鼎力，得以复见于世，盛版大业，钦仰无穷，宠贶遥颁，莫名感谢。敝族远祖宋谥文忠公著有《横浦先生文集》，自明季覆印之后，三百年来亦已绝版，在敝邦之内素称罕见，近由鄙人用明本覆印，谨寄呈二部，一乞代呈侯爵，一以奉赠阁下。尊经阁琳琅万卷，决不重此区区，匪敢云报以琼瑶，不过聊将微悃而已。

再，尊经阁藏书如刊有目录，可否乞惠颁一部。冒昧陈请，无任悚惶，伏乞亮察。敬颂

台安

张元济

十七年元月廿三日

---

* 日本加贺前田纲纪将本人收罗的图书称为"尊经阁藏书"，其家族后世在此基础上扩充、发展，至日本明治时期，前田氏藏书之所即定称为"尊经阁文库"。1926 年，前田家族设立育德财团，进行所藏珍稀图书的影印复制工作。1949 年改称"前田育德会"。

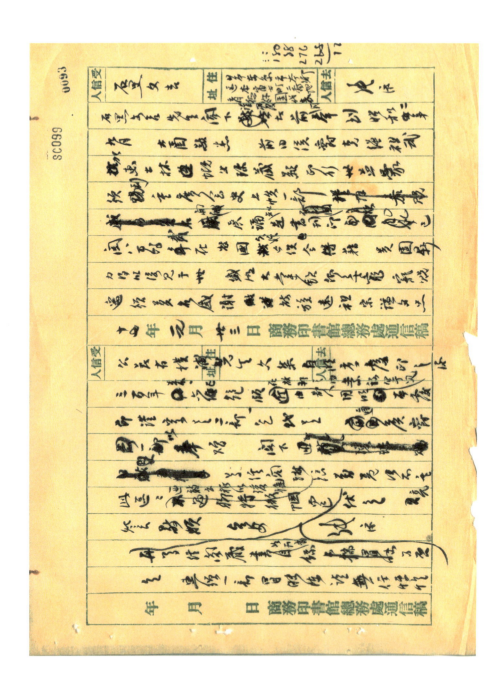

3. 卫礼贤 [*]

(1) 卫礼贤复张元济函 (1928 年 3 月 5 日)

菊生先生惠鉴:

前奉十二月廿三日手教，并蒙惠赐特别廉价券第三四〇号一纸，感谢无已。惟敝院①董事未蒙见许，实为遗憾。惟得诸承协助，则先生虽非敝院董事，而敝院之受先生之赐固匪浅鲜也。关于万国报纸展览会事，详情当函贵馆交通科。如能于寄来之四种杂志外，更寄若干种，则尤为感激。尚恳时惠教言，俾有遵循是幸。专此敬覆，并请道安

卫礼贤谨上

三月五日

〔请总务处阅过，转寄庄伯俞先生阅看。请查照前次复信，代拟回信。张元济。17/3/27〕

〔□。17/3/28〕

＊ 卫礼贤（Richard Wilhelm，1873—1930），德国来华传教士、汉学家。1899 年来华，定居青岛，创办礼贤书院，1925 年回国。

① 青岛礼贤书院。

64   SC066   99035

CHINA-INSTITUT

FRANKFURT A. M.,
GROSSE ESCHENHEIMERSTR. 26

Bankkonto:
Grunelius & Co., Gr. Gallusstraße 1
Postscheckkonto 42414
Fernsprecher: Taunus 3314

菊生先生惠鉴 前奉十一月廿二日
惠缄特别廉价寿笺叁肆零玩一纸 感谢無

己恨病院董事未允诺

先生馆非病院董事而病院之三支
光生之缄固匯钱鲜也 图书万国报纸展览
会多国详情富玉 贵馆交通科尤能於事业

三四种报诸外更寄若干种别起多感激而已

時惠
教言俾有遵循 耑此布复 并致崇益请

道安

衡礼贤谨上
三月五日

（2）张元济复卫礼贤函底（1928年3月30日）^①

礼贤先生台鉴：

　　昨奉三月五日还云，敬悉。董事一席业承赐允作罢，至为感幸。万国报纸展览会敝国部份，贵院不辞劳琐，以征集自任，钦佩莫名。敝馆敢不勉力赞助？惜以时促道远，筹办已虞不及，当嘱敝馆交通科量为照办。知注敬告，并颂

台安

谨启

十七年三月三十日

---

① 此件系庄俞致张元济函（1928年3月30日）的附件。

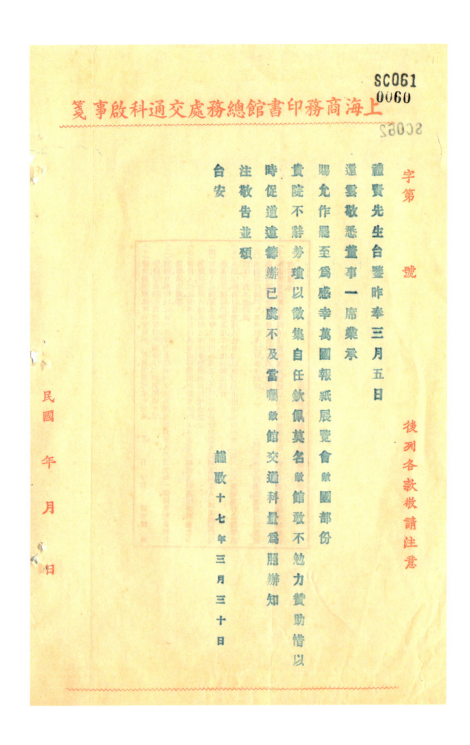

上海商務印書館總務處交通科啟事箋

字第　　　號

後列各款敬請注意

礼賢先生台鑒昨奉三月五日
還雲敬悉盡事一席藝承
賜允作罷至為感幸萬國報紙展覽會敝國部份
貴院不辭勞瘁以徵集自任欽佩莫名敝館敬不勉力贊助惜以
時促道遠籌辦已處不及當囑敝館交通科量為照辦知
注敬告並頌
台安

禮啟十七年三月三十日

民國　年　月　日

(3) 张元济复卫礼贤函稿（〔1930 年 7 月〕）[1]

覆函大意

五月卅一日来函奉悉。查汉译白郎宁文学之书似较缺乏，关于此英国大诗人之传记与著作尚未有专书出版，甚以为歉。鄙人曾与胡适博士谈及此事，彼谓曾译有短诗数首，承其钞示译稿，兹随函奉上。又，《新月》杂志上曾分期载有汉译白郎宁诗，此译有原文对照，已于页上注明起讫，以便检阅。谨检同该志二册，一并寄呈左右。又，该志上载有中国新诗大家徐志摩君关于汉译白郎宁诗十首之短文一篇。以上各件或可上备参阅之需。此外未能多所搜集，有负雅命，深为歉疚。

---

[1] 本件收信人系整理者推测。

庆函大鉴

五月廿一日来函备悉。查汉文译白郎宁之学之书，似较易

之阅。拟将英国古诗人鲁郎宁之侍记典著作，尚每书出

版者以为歉。郎人曾典胡适博士谈及此事，彼谓当

译为短诗书画承其钞示。译稿兹随函寄上，又新月

杂志上曾分期载有汉译白郎宁诗此译者系专文对

志上载为中国西诗古家徐志摩君阅札汉译白郎宁

诗上载为一篇以上名徐或可上备参阅之需此外未

继多所搜集为尊雅命保为歉疚

4. 户塚正幸

委托照相合同（1928 年 11 月 18 日）

立合同。张元济、郑贞文，汤岛写真场户塚正幸，因摄照书籍相片事，商订契约如左：

一、书页照片由照相人制成阴纸（negative paper）[①]，计价八折（纵英尺六寸零分，横英尺十寸零分）者每张日金四十钱，四折（纵英尺十寸零分，横英尺十二寸零分）者每张日金七十钱，不另给工资（半折每张日金一元三十钱）。

注意：八折者有字之处最低不得过五英寸八分之三，最阔半页不得过四英寸八分之三。

二、如在工场以外照相时，应由委托人另给照相人以下列各费：

甲、搬运照相机械每一处往返各一次之车资。

乙、东京府内外出照相每日一次之午膳费（以五十钱为度）。

丙、东京府内每日往返一次之电车费之实费。

丁、东京府外外出照相时必须之车费、宿费、膳费之实费。

三、照相人于照相时应十分慎重处理原书，如必须拆开时，经借书人许可，得拆开之，但应由照相人照原式装订，如有损伤情事，一切由照相人负责。惟遇天灾不可抗力时，不在此限。

四、相片务求明晰，以所交样张为标准。如模糊不及原样时，得由委托人退还照相人，再照不再给费。

五、照相人每照二三百张相片时，应知会委托人代表长泽规矩也、马宗荣二君，约期到汤岛写真场当面点交，包裹完善，由代表人

---

① 即底片。

邮寄，邮费一切由委托人负担。

六、委托人于委托照相之时，应预计拟照片数价款之约半数于照相人，每次收到相片后，应再寄各该次之相片价款之半数于照相人，于最后之一次清算。至第二条各款费用，由照相人于每两个月之终开具清单，交委托人代表核定寄沪后清算。

七、应照之书随时由委托人之代表偕同照相人前往书主处借书，点明册数、页数，交照相人，由照相人出具收据与代表，照毕即由照相人交与代表转还书主，不得有误。

八、本合同以双方签字之日发生效力，至委托人拟照之书完毕时为止。

中华民国十七年日本昭和三年十一月十八日午后四时于东京帝国ホテル①

委托人：张元济、郑贞文
委托人代表：长泽规矩也、马宗荣
照相人：汤岛写真场户塚正幸
见证人：姜琦②、宇野哲人

---

① 东京帝国饭店。
② 姜琦（1886—1951），字伯韩，浙江永嘉人。1912年留学于日本明治大学，教育史和教育哲学专家。

立合同契約茲因文頁附負真半戶場正事因攝照掌輪相片事商訂契約如左

一　書頁照片由照相人製成陰紙（negative paper　　　　　　　）計個

八折（縱英尺六寸零分橫英尺拾寸零分）者每册日金貳拾

錢四折（縱英尺拾寸零分橫英尺貳寸零分）者每册日金

柒拾錢不另給工貲（半折每册日金壹圓參拾錢）

注意　八折者有字之處最低不得過五英寸"之差異半頁不得過四英寸八分之參

二　如在工貲以外照相時應由委託人另給照相人以下列各費

甲　凡赴照相場每一次之往返各次之午膳費（以五十錢為度）

乙　東京府內外出照相每日一次之電車費

丙　東京府內每日往返一次之電車費之實費

丁　東京府外外出照相時必須之車費膳費旅費之實費

三　照相人於照相時應十分注意如原版製釘如有折壞時經行事一

照相人對照相人負責件運天災不可抗力時不在此限

四　托人照相片發還照相人會責相運天災緣屬理如稅辦不及原因緣時得由委

五　照相人每照照二三百册相片時應知會委託人代表長壽烈知也

六、委托人於委托照相之時應再將各紙照片數量紙之約牛數於照相人，照相人於每次收到照片後應再算各紙照片價紙之約牛數於照相人。

照相人於每兩個月之料開具詳單交委托人代表核定答課後詳算，由照相人於每兩個月之料開具詳單交委托人代表核定答課後詳算。

應照之書冊數目由委托人之代表偕同照相人前往書主處估計書，由照相人出具收據與代表。

七、照相人交與代表搬運書主不得有悞，委托人攝照之書完畢時，照相人交與代表。

人本合同以雙方簽字之日發生效力，至委托人攝照之書完畢時，本合同為止。

日本昭和三年
中華民國十七年　拾壹月十八日午後四時於東京帝國圖書館

委托人　商務印書館　馬宗榮
委托人代表　馬宗榮
照相人
見證人　宇野哲人

5．长泽规矩也*

（1）长泽规矩也致张元济函（1935 年 2 月 19 日）

张先生赐览：

旧年赐示以来，转瞬数月，久少通讯，非敢背旧情也，为俗务所累杂，又移寓两次，无业绩可报，惭愧惭愧。上次手教所述及之照相宋刊本《周益公集》、元刊《东京梦华录》一事，似先生未赐函于诸桥博士处，同博士未尝一言及此，顷由弟告诸博士，博士即快诺影印，未悉贵馆方面意思如何，倘欲照印，从速赐覆为盼。至于照相费，则近年鄙国金票跌落，上次所用 Negative Paper 原价胀贵。去年付于北平元要求七十お八切，尔后原价有昂无减，顷由桛井照相师觅得新制子，已用新制子付玻璃版，印刷所方面云成绩颇佳，刻由弟与桛井商议，渠云价格四十お八切（至于其他各项，概从上次合同，但膳费、邮费由桛井担负，未可再加）。兹将新制子样张，以及以同项底片付印样子奉上，试用是祷。

又足利学校①宋椠《注疏》借印之事，倘用下列合同，或非绝望也。并报。

所有照相、印书费等之制造费用则概由贵方担负。

影印书封面付印"足利学校遗迹图书馆印"文字。

由贵馆赠贻影印书数十部于图书馆。

＊ 长泽规矩也（1902—1980），日本中国学家、目录学家。字士伦，号静庵。神奈川人。1925 年东京帝国大学中国哲学文学科毕业后，任静嘉堂文库嘱托，同时在东京帝国大学继续学习。1930 年任法政大学讲师，后任教授，从事中国文学史、中国文化史和中国目录学的研究，并讲授日汉书目学。1961 年以《日汉书的印刷及其历史》获文学博士。主要著作有《书目学论考》、《中国版本目录学书籍解题》、《静庵汉籍解题长篇》、《汉籍整理法》、《古书目录法解说》、《日汉古书编目法》等。1928 年张元济赴日本访书时，长泽规矩也闻讯拜访，并陪同至静嘉堂文库观书。

① 原校建于日本镰仓时代，1903 年设立足利学校遗迹图书馆。

第二款之"足利云云"文字，但印赠书封面则可，尔后贵方加印缩印等之情事，固在于该馆以及弟等所关之范围之外。日内由日本书志学会以足利学校名义出版同校宋元旧抄本书影，印成可赠。金泽文库①方面顷拟出版旧藏各书书影，已得傅沅叔②先生《南史》照片，其馆长经弟恳乞贵处所储旧抄《文选》卷首、卷尾有"金泽文库"印记处之照片惠赐，未悉贵意，伏乞惠寄。余事多多，容日再叙。敬请

文安

弟长泽规矩也拜
二月十九

附上《周益公集》存卷叶数表一叶。

再者，鄙处书店有欲购旧抄《文选》者，贵处《文选》犹有割爱之意，果然，则贵意觅价若干，便中示知为祷。

［寓神奈川县叶山町堀内森户。］

---

① 日本镰仓幕府时期北条实时创建，在金泽名寺建文库，后又在寺内设金泽学校。1930 年由神奈川县修复，改为县立图书馆。

② 傅增湘。

張先生焰覽旧年賜

示以來船峰数月久少通訊非敢怠慢

川揚也力促勝開果報巳移寫兩次无業績可指

僅以僟之上次

手教并述及之即承本宗刊本用盖云集元刊本系

多章節一句似以

先生未賜玉于諸揚付士家陳曰竹士未當

一言由尔芳諸竹士印快滿鈴

印未悉

貴館才而去无意偏

知巳印後繼奉

賜店如賜玉于以求貴則近年鄭玉堂

SC093

271

票跌落、之如不可 negative paper 廉價賠費、去年討

尤北半圓亞來七折示如、宋版原價有印母減、

須由樓井坚拟師負得新製子、已可新製样子

付新玻版、印刷东方西立、成績頗佳、刻由今与样

井高深、坚云、價格の折示加（延于各边之方次合同、但瓶）兹将新製样样版、以及以付项

廉費新資由玛井）、

座片付印样子中重之

試用是待、

又足利子等筹連賠償印去多借可下列合同、

或非絕望や、并报、

SC094

。开首以招印制贵扩印亦卖本土製造号因

刘振囿由 贵才担负、

○ 新印書封面廿印「呈利予孫蒼蒼隐圖書館印」文字

○ 由貴館贈路新印書十部于用書館

第三款之「呈利予孫」文字，似印好書封面則可，亲
倘貴才加印儲印未之情事，固在于該
站以為才 天閣土氣圖土外。

日四西日午書法筆筆 以呈利予孫名庫藏，出
版日封宗文似抄午書帖，印咸可好。

川抄未連

金河之諳才面須擬去陝以莊於書帖已浮
伟汲叔等甸上以 作之帖冬住不緒巳
貴家石潘以抄文選卷二，卷尾有「金河之帖」
印記宗士以作惠贈，未悉

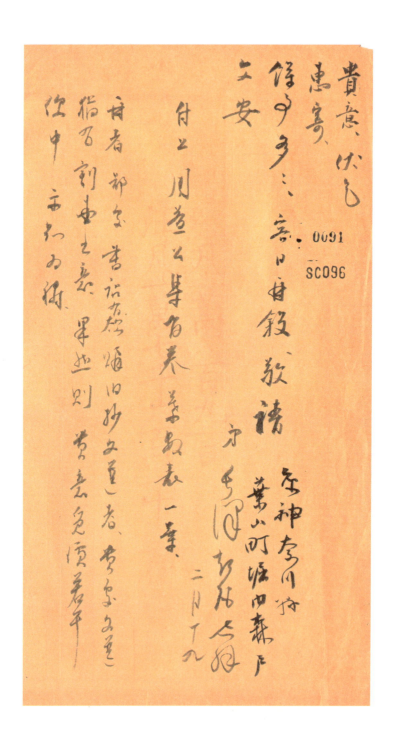

附件：《周益文忠公集》存卷叶数表

《周益文忠公集》残本六十九卷
（样子见于静嘉堂宋本书影）

存卷：

省斋文稿 目录：五十四叶（内一——三阙）	卷二九：三二	目录：三七
卷一：一四	三〇：二三	一：二〇
二：一一（以下缺）	三一：二〇	二：二〇
三：一二	三二：二〇	三：二〇
四：二二	三三：二〇	四：九
五：一六	三四：一七	五：一五
六：一六（九缺）	三五：一五	六：二三
七：一六	三六：九（以下缺）	七：二四（十二缺）
八：一〇	平园续稿	八：二〇
二八：二五、五（二、三前半、十九缺）	序：二	九：二三

卷一〇：一七叶	卷三八：一五叶	卷一：三〇叶	卷四：二〇叶
一一：一三	三九：一九	二：二二	五：一七
一二：二〇	四〇：一〇（以下缺）	三：三五	六：一六
一三：一七	玉堂类稿	四：二一	书稿
一四：二六	六：二四	五：二三（廿一缺）	五：三、五（一一——二十三、二四前半，二八——缺）
一五：一六（以下缺）	七：二一	一〇：三〇	九：二〇 一〇：三〇

（续表）

二七：二〇	八：二三	一一：二三	一一：二六
二八：二三	一一：二四	一二：一九	附录
二九：一九	一二：一九	承明集 目：二	一：二〇 （一——八缺） 二：三一
三〇：一七（以下缺）	一三：三五	一：九	三：七（五缺）
三六：一一（一、二缺）	历官表奏	二：五	四：三〇
三七：一七	目录：二六	三：二〇	五：一五（六后半、七、八前半缺）

除去二卷不明未计入，共一四三〇页。

周益文忠公集　残存六十九卷

本朝

文集目錄　五十五卷第四十一至　間

参九　三二

卷一　一四　以下缺

一　二一　三〇　二三

二　一二　三二　二〇

三　一二　三二　二〇

四　二二　三三　二〇

五　六　三三　一七

六　一六　三五　一五

七　一六　三六　九算數

八　一〇

九　三八　二五九五　親九缺

平園續藁

目錄　三六

一　二〇

二　二〇

三　二〇

四　三二

五　九

六　七　十三

七　七　二〇　十二册

八　二〇

九　二三

SC075

（2）长泽规矩也致张元济函（1935年3月6日）

张先生赐鉴：

　　旬日前奉上一札，想已入钧览。日前与苏峰翁[1]晤，谈及借印《北礀诗集》之事，翁即快诺。该书纸叶共计一百九十余叶，内有数叶补抄。未悉商务方面有借印之希望否？商议示覆为祷。又倘照相补抄数叶，则：a. 照相抄写部分；b. 照相五山覆刊本[2]，〔用五山覆刊本配〕该页之内，□□方法如何，示知是荷。敬颂

文祉

弟长泽规矩也拜

《百衲本念四史》第四期收到，谨谢厚情。

〔俟合同订定后即借照，用八切片，每叶四拾钱。〕

---

① 德富苏峰。
② 日本五山翻宋崔尚书宅刊本。

279

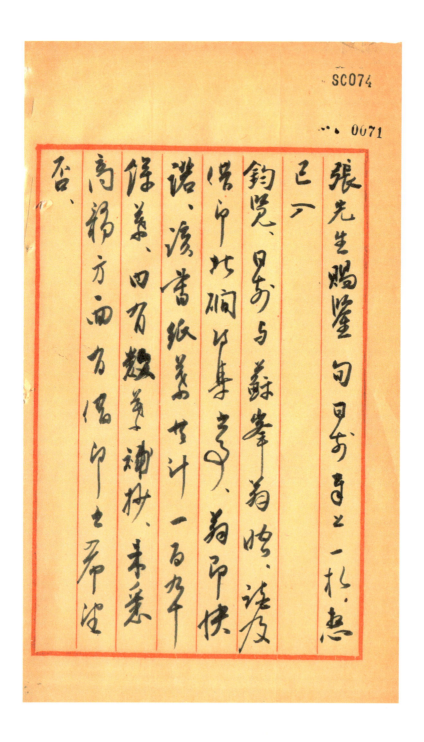

张先生赐鉴　昨蒙手谕，一极感荷。已一一

钧览。弟拟与苏峰商略，诸俟

借印此铜版事，为印快

诺、俟当书纸条廿许一百余种

保某、四百数种神抄、未悉

高稿方面可借印去否，乞

否。

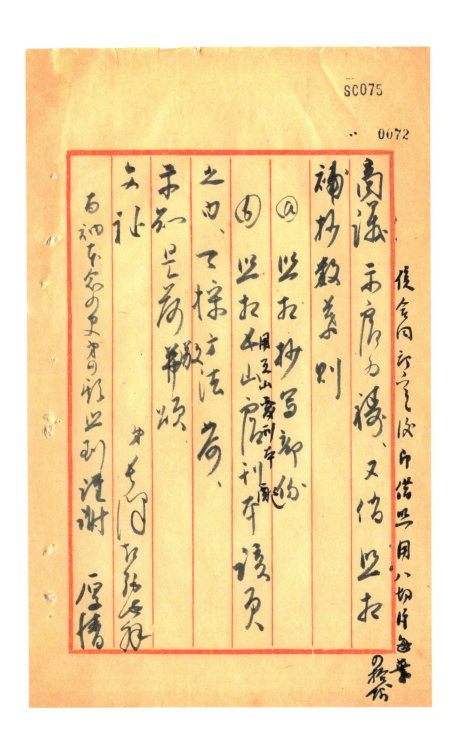

（3）张元济致长泽规矩也函底（1935 年 3 月 7 日）

日本神奈川县叶山町堀内森户

录廿四年三月七日张菊翁先生致长泽先生函

前月神田鬯菴①去欧洲，道出上海，询知起居违和，正深驰系。适诵二月十九日手教，如亲丰采，书法弈弈有神，贵体想早康复，欣慰无既。

承示静嘉堂藏残宋刊《周益公集》，又元刊《东京梦华录》诸桥博士快诺假我景照，均赖先生玉成之力，至为感谢。又承寄示贵国自制 Negative Paper 书影数纸，业已由敝馆翻印，甚为合用。今附呈翻印样张一叶，即祈台阅。

槫井照相师仍可为我担任，尤深欣幸。宋刊《周益公集》敝邦久佚，亟愿流通。《东京梦华录》如原书不至模糊，亦拟借印。既荷先生暨诸桥博士美意，特许敝馆印行，拟即请转托槫井照相师为敝馆摄影。惟先生近日移居神奈川县，未必常到东京，兹参照曩时所订合同，仍请先生代表，其他一切均由槫井照相师与敝馆直接，所有膳费、邮费均由照相师自己担负，惟由东京至静嘉堂藏书处每日往返一次之电车费，未知如何办理，并祈核示。该合同稿请与槫井照相师商定（应否呈送诸桥博士一阅，请酌夺），即祈发还，由敝馆缮正呈上。同时应预付照相费若干，亦祈示悉。拟先付给二百元，未知可否？

再有请者，敝馆藏有元刊《济生拔萃》，与静嘉堂藏本相同，敝处所藏缺去《针经节要》《洁古云岐针法》《洁古家珍》《保婴集》四种，敝国各公私藏家无可借补，拟同时向静嘉堂影印。冒昧致诸桥博

---

① 神田喜一郎，号鬯菴，收藏中、日古籍，曾任大谷大学教授、宫内省图书寮嘱托、京都国立博物馆馆长等。

士一函①，可谓无厌之求，并乞先生善为说辞，无任感荷。

　　至足利学校所藏宋刊《注疏》亦可商议，闻之极为忻幸，容与敝馆同人商定再奉覆。敝藏《文选》一卷，兹将卷首、卷尾摄影各一幅，另封寄呈，即乞察入。承示有书店愿购买，但书店恐非自己收藏，不能出善贾，敝意拟缓商。专此布覆，敬颂

著祺

---

①　见张元济致诸桥辙次函录件（1935 年 3 月 8 日）。

字第　　號

日本神奈川縣葉莖町堀内森戸

（錄）廿四年三月七日震蕭翁先生致長澤先生函（錄）前月神田曹巷去

歐洲道出上海詢知起居違和正深馳系道隔二月十九日手教如

親丰朵書法奔奔有神實體想早康復欣慰無既承示靜嘉堂藏殘

宋刊周益公集又元刊東京岑華錄翁橋博士快洽假我長照均頗

先生玉成之力至爲感謝又承寄示實匾自製 Nagation Paper 書影數

紙彙已由敝館翻印甚爲合用今附呈貓印樣張一葉即新合屬搏

井照相師仍可愛我擔任尤深欣幸宋刊周益公集放邦久俟盃願

流通東京岑華錄如原書不至模糊本擬借印倘前先生監督橋博

士美意特許敝館印行擬卽繕轉託搏井照相師爲敝館攝影惟先

生近日移居神奈川縣未必常到東京兹參照尋將朔訂合同仍請

商務印書館啟事用牋

先生代表其他一切均由榑井照相師敝館直接所有膳費郵費均

由照相師自己擔負惟由東京至靜嘉堂藏書處每日往返一次之

電車費未知如何辦理並祈核示該合同稿請與榑井照相師商定

（應呈送榑博士一閱請酌奪）即祈發還由敝館繕正呈上

同時應預付照相費者干亦祈示悉提先付給貳百元未知可否再

有請者敝館藏有元刊濟生拔萃與靜嘉堂藏本相同敝處所藏缺

去鋮經節要潔古雲岐鋮法潔古家珍集四種敝國各公私藏

家無可借補擬同時向靜嘉堂影印冒昧致詰榑博士一函可謂無

厭之求並乞先生善爲說辭無任感荷耑足利學校所藏宋刊注疏

亦可商議閱之極爲忻幸容與敝館同人商定再奉聞敝燕文遷一

商務印書館啟事用牋

285

兹将卷首卷尾摄影各一幅另封寄呈即乞鉴入承示有书店愿

顷奉

字第　　號　　　　第　　頁

购售祖书店恐非自己收藏不能出售买敝意拟缓商专此布覆敬

颂

書祺

商務印書館啟事用牋

（4）张元济致长泽规矩也函底（1935 年 3 月 11 日）

录 24/3/11 张菊生先生致长泽规矩先生信

本月八日曾覆寸函，计蒙察及，顷又得三月六日手书，谨诵悉。德富苏峰先生所藏京〔宋〕刊《北碉诗集》，承代商允借影，感幸何极。其补抄之叶，能以五山覆刊本配入，至为佳妙。将来与榑井照相师订立合同之后，即乞约同榑井氏前往商借，用八切片（每叶四十钱）摄照为荷。肃此布覆，顺颂

台祺

[24/3/13 挂号寄，发信单 309 号。]

287

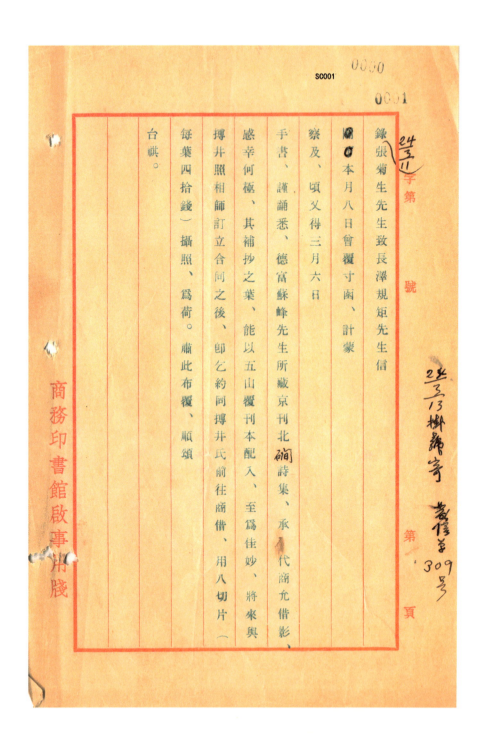

錄張菊生先生致長澤規矩先生信

本月八日曾覆寸函、計蒙

察及、頃又得三月六日

手書、謹誦悉、德富蘇峰先生所藏京刊北碉詩集、承允代商允借影、

感幸何極、其補抄之葉、能以五山覆刊本配入、至爲佳妙、將來與

搏井照相師訂立合同之後、即乞約同搏井氏前往商借、用八切片（

每葉四拾錢）攝照、爲荷。蕭此布覆、順頌

台祺。

（5）张元济致长泽规矩也函底（1935 年 3 月 28 日）

长泽先生惠鉴：

　　奉三月廿一日大函，知前上两缄均蒙察入，并承示与樽井照相师订定各节，费神，至感。所有市外往来车费或宿费等均如尊示，由敝馆致送。兹将合同缮就两份，即祈鉴核。宇野博士蒙代请作证人，至为衔感，统乞分别转交签字盖章，以一份付樽井君收执，一份发还。另附呈上海银行第一八二三四号日金二百元汇票一纸，又托照书籍四种清单一纸，亦祈交与樽井君查收。另寄谢宇野博士信一件，并希代递。琐琐上渎，无任铭感。专此布覆，并谢。敬颂

台祺

　　　　　　　　　　　　　　　　　　　　廿四年三月廿八日

　　计附上合同两份，书名清单一纸，汇票一纸，致宇野君函一件①。

---

① 见张元济致宇野哲人函底（1935 年 3 月 27 日）。

SC013

长泽先生惠鉴奉三月廿一日

大函知前上两缄均蒙

察入并承

示与樽井照册订定各节费

至感所有市外往来车费或宿费等均如

尊示由敝馆致送兹将合同缮就两份即祈

鉴核宇野博士蒙

代请作证人至为衔感统乞

分别转交签字盖章以一份付樽井君收执一份发还另附呈上海

银行第一八二三四号日金贰百圆汇票一纸又托照书籍四种清单

290

一紙亦祈

交與樽井君查收另寄謝宇野博士信一件並希

代遞瑑上瀆無任銘感專此佈覆並謝敬頌

台祺

計附上　合同兩份

　　　　書名清單一紙

　　　　匯票一紙

致宇野君函一件

廿四年三月廿八日

附件1：东方图书馆委托日本照相师樽井清作摄照书籍相片合同稿（1935年3月）

立合同。东方图书馆（下称委托人）、樽井照相师（下称照相人），因摄照书籍相片事商订契约如左：

一、书页照片由照相人制成阴纸（Negative Paper）。计价八切者（纵英尺六寸零分，横英尺十寸零分），每张日金四十钱；四切者（纵英尺十寸零分，横英尺十二寸零分）每张日金空格钱。所有一切工料、膳费、邮寄费均在内。八切者有字之处最低不得过五英寸八分之一；最阔半页不得过四英寸八分之三。

二、照相人于照相时应十分慎重处理原书。如必须拆开时，经借书人许可得拆开之，但应由照相人照原式装订，如有损伤情事，一切由照相人负责，惟遇天灾不可抗力时，不在此限。

三、相片务求明晰，以所交样张为标准。如模糊不及原稿时，得由委托人退还照相人，再照不再给费。

四、照相人每照二三百张相片时，应即包裹完善，邮寄上海河南路二一一号东方图书馆收，邮费一切由照相人负担。

五、委托人于委托照相时预付日金贰百元于照相人，每次收到相片后，应再寄各该次之相片价款之半数于照相人，于最后之一次清算。

六、应照之书随时由委托人之代表偕同照相人前往书主处借书，点明册数、页数，交照相人，由照相人出具收据与代表人，照毕即由照相人交还书主，不得有误。

七、本合同以双方签字之日发生效力，至委托人拟照之书完毕时为止。

八、本合同壹式两份，双方各执壹份为凭。

中华民国廿四年日本昭和十年三月　日

委托人：东方图书馆
委托人代表：长泽规矩也
照相人：樗井
见证人：

293

SC058

58

立合同 東方圖書館（下稱委託人）
搏井照相師（下稱照相人）因攝照書籍相片事商訂

第　頁

契約如左

一書頁照片由照相人製成陰紙 Negative Paper 計價八切者（

縱英尺六寸零分橫英尺十寸零分）每張日金四十錢四切

者（縱英尺十寸零分橫英尺十二寸零分）每張日金

錢所有一切工料膳費郵寄費均在內

八切者有字之處最低不得過五英寸八分之一最闊半頁不

得過四英寸八分之三

二照相人於照相時應十分慎重處理原書如必須拆開時經借

書人許可得拆開之但應由照相人照原式裝訂如有損傷情

058

事一切由照相人負責惟遇天災不可抗力時不在此限

三相片務求明晰以所交樣張為標準如模糊不及原稿時得由

委託人退還照相人再照不再給費

四照相人每照二三百張相片時應郵包裹完善郵寄上海河南

路二一一號東方圖書館收郵費一切由照相人負擔

五委託人委託照相時預付日金貳百元於照相人每次收到相

片後應再寄各該次之相片價款之半數於照相人於最後之

一次清算

六應照之書臨時由委託人之代表借同照相人前往書主處借

書點明冊數頁數交照相人由照相人出具收據與代表人照

用(981-30000.22.9)

295

SC059

畢即由照相人交與□代表人□還書主不得有誤

七本合同以雙方簽字之日發生效力至委託人擬照之書完畢

時為止

八本合同壹式兩份雙方各執壹份為憑

中華民國廿四年　三月　　日

日本昭和十年

委託人　東方圖書館

代表　長澤規矩也
委託人

照相人　搏井

見證人

第

頁

296

附件 2：东方图书馆致照相师樽井清作照书清单
（1935 年 3 月 28 日）

照书清单

宋刊《周益公集》，静嘉堂藏本。

元刊《东京梦华录》，静嘉堂藏本。

元刊《济生拔萃》，静嘉堂藏本。补印四种：《针经节要》《洁古云岐针法》《保婴集》《洁古家珍》。

宋刊《北碉诗集》，德富苏峰先生藏本。

补抄之叶请以五山覆刊配入。

以上四种均请照制八切。

樽井照相师台鉴

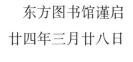

东方图书馆谨启
廿四年三月廿八日

東方圖書館復興委員會

第　號

照書清單

宋刊周益公集　靜嘉堂藏本

元刊東京夢華錄　靜嘉堂藏本

元刊濟生拔萃　靜嘉堂藏本　補印四種

宋刊北磵詩集　德富蘇峯先生藏本

鍼經節要

保嬰集　涵古家珍　涵古雲岐鍼法

補抄之葉請以五山覆刊本配入

以上四種均請照製八切

樽井照相師　台鑒

委員

胡適

李榮　L. Lion

王雲五（常務）

張元濟（主席）

陳光甫

張雪樓　C. J. Chancellor

嘉惇曼　A. RAPHELLE

蓋樂　Eason M. Gale

蔡元培（常務）

東方圖書館謹啓廿四年三月廿八日

書記　潘光迥

298

(6) 张元济致长泽规矩也函底 （1935 年 6 月 11 日）

长泽先生惠鉴：

　　前奉四月十二日大片，祗悉一一。履候嘉胜，慰如所颂。楢井技师承照《周益文忠公集》相片业已寄到一批，惟其中一百五十八叶所照尺寸较之原订为短，未能合用。惟因此书系向静嘉堂书库借照，若频频请借，未免过于烦渎，且为数尚属不多，拟由敝处自行改照。但此一百五十八叶拟减付每页二十钱，未知尊意以为然否？兹详覆楢井君一函①，寄请察阅后再为转致。楢井君或有未明瞭之处，并恳加意指导。另附副稿一份，藉备存查。

　　《周集》尚在接照，另如《北磵诗集》《东京梦华录》《济生拔萃》三种，想亦在次第进行。务祈谆嘱楢井君，所有照片尺寸务必依照此次去信办理，在每一部中不可稍有歧异。又俟《周集》照竣之后，请转嘱先照《济生拔萃》，余二书依次续照。至楢井君此次寄来照片，应付半价，计日金二百二十二元四角，如数汇奉，附上汇票一纸，到请察收转交。屡渎仁神，无任感谢。专此，敬颂
大安

二十四年六月十一日

---

　① 见张元济致楢井清作函底（1935 年 6 月 11 日）。

SC026

加意指導另附副稿一份藉備

察閱後再爲轉致樽井君或有未明瞭之處幷懇

尊意以爲然否兹詳覆樽井君一函寄請

拾錢未知

倘屬不多擬由敝處自行改照但此一百五十八葉擬減付每頁貳

因此書係向靜嘉堂書庫借照若須頻請借未免過於煩瀆且爲數

壹批惟其中一百五十八葉所照尺寸較之原訂爲短未能合用惟

履候嘉勝慰如所頌樽井技師承照周益文忠公集相片業已寄到

大片祇悉一一

長澤先生患鑒前奉四月十二日

存查周集尚在接照另如北澗詩集東京夢華錄濟生拔萃三種想

亦在次第進行務祈

諄囑樽井君所有照片尺寸務必依照此次去信辦理在每一部中

不可稍有歧異又俟周集照竣之後續

轉囑先照濟生拔萃餘二書依次續照至樽井君此次寄來照片應

付半價計日金貳百貳拾貳元肆角如數匯奉附上匯票一紙到請

察收轉交屢瀆

仁神無任感謝專此敬頌

大安。

二十四年六月十一日

(7) 长泽规矩也致张元济函（1935 年 8 月 1 日）

张先生赐鉴：

久未通讯，决无故意为之，原拟与宇野博士面晤之后即行奉覆，但因博士在文学部长要职，弟亦离京寓鄙，彼此面谈久无好机，是以上次通融，未立合同之前，实行照相。日前得与同博士畅谈，此一并附上，收到六张（内由照相师致弟者三，由弟致贵馆者三）合同一份，查收是祷。此次照相内有寸尺未满达规定者，原书行款长短不齐，因此以长者为准，短者从之，是其原因也。毕竟照相师不注意所致，敬从贵意，给减付二角可也。槫井已允诺。又抱歉，所缺两张，下次登库之际补照补寄，《北磵集》俟苏峰返京即行照相。至于元刊《济生拔萃方》，则未得诸桥博士允诺，乞由先生再致函于同博士处。
敬请
夏安

长泽规矩也敬启
1935 年 8 月 1 日

张先生赐鉴，久未通讯，迭无敬意为之。原拟
与字节俱十四晔，倾，印川省库，但旧作
士在文章节多多职，才自谈东宫部，
復此画语，久世好楼、岂以比次通讯、
未主今日去查川照扣日未得与以的士惕

话，此一偏坼止

收到六张

如由照扣师但才者

　　　　　　黄绍名　之

合门

查权是捞，此次照扣如有寸尺未满達扣
定者，唇书川教之短示诉帆此闻此
以名者为淮，筑在径之、岂之学围

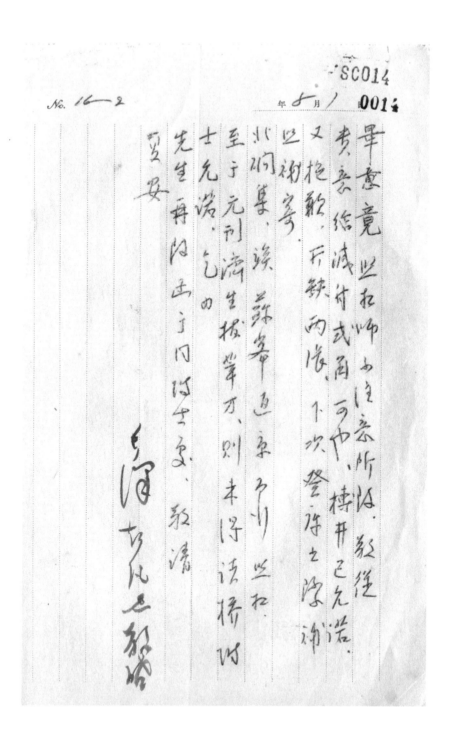

畢竟此一層似尚未允所悅，敬從

貴意給減付式尚可也，樣井已允諾，

又抱歉，所缺兩層下次登添士浮尚

巳翎等。

北詞集、諸等遠京了，此松

至于元刊濟生拨掌才，則未浮话樣付

士允諾，乞四

先生再内正于门们全家，敬請

聖安

（8）张元济复长泽规矩也函底（1935 年 9 月 19 日）

录廿四年九月十九日菊翁复长泽规矩也

（上略）昨自牯岭旋沪，奉读八月一日惠函，并附合同一份、收证六纸，均敬悉。敝处摄照各书诸费仁神，至深纫感。梼井照相师上次所照《周益文忠公集》，内有一百五十八叶尺寸未依规定，仰荷转商减付工资，并得梼井氏之允认。又承示及所缺《周集》两叶，允俟下次登库之际补照补寄。《北磵集》亦俟苏峰先生返京即可开照。屡屡奉渎，益滋歉惭。前商补照元刊《济生拔萃》之四种，尚未得诸桥博士允诺，遵再附致一函①，敬祈就便转交，并乞婉达，至为感祷。台从近来常在何所？学业想益精进，无任企仰，何日重游敝邦，尤深翘盼。（下略）

---

① 见张元济致诸桥辙次函底（1935 年 9 月 19 日）。

SC004

錄西年九月十九日菊翁復長澤規矩也

（上畧）昨自粘嶺旋滬奉讀八月一日惠函并附合

同一份政詮六紙均承惠教屢攜藍各書諸費仁神

至深級感榑井毘相師上次所毘周益文忠公集

內有二百五十八棄尺寸未依規定仰荷轉商減付

工資并以榑井氏之兄認又承示及所缺周集兩

葉兄俟下次登庫之際補毘補寄北硐集六俟蘇

峯先生返京即可庸毘屬承瀆益滋歉勤前

商補毘元刊濟生拔萃之四種尚未得諸橋博士

允諾遵再附致一圅斲祈就便轉交并乞婉達玉

字第　號

第　頁

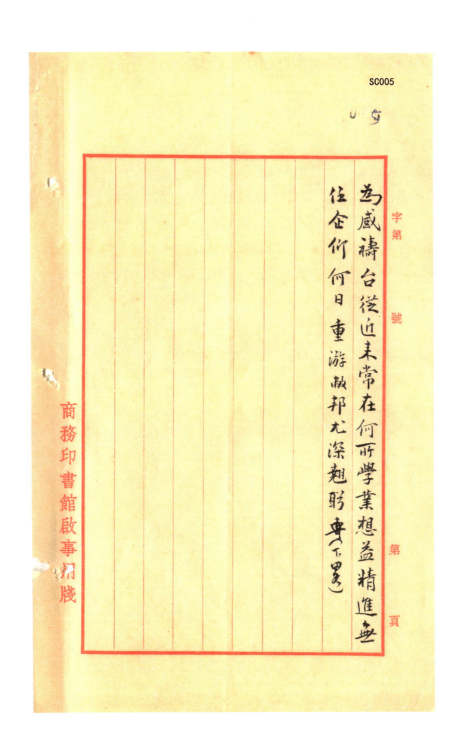

為感禱 台從近未常在何所學業想益精進無
任企佇 何日 重游敝邦尤深翹盼 專（下畧）

(9) 张元济致长泽规矩也函底（1935 年 10 月 31 日）

长泽先生大鉴：

　　九月十九日寄上寸函，度已久蒙察及，比维履候清嘉为颂。弟前向诸桥辙次先生商向静嘉文库借照《济生拔萃》中之《针经节要》《洁古云岐针法》《洁古家珍》《保婴集》四书，昨得诸桥先生十月十九日来信，已承允诺慨借，并属弟即函告阁下，商量将以上四种书摄照，意甚可感。兹将覆函附呈鉴核转交，其书敬乞约技师即往静嘉文库借出付影寄下，无任祷企。专此布悃，敬颂

台祺

　　附覆诸桥先生信一件①。

二十四年十月三十一日

---

①　见张元济复诸桥辙次函底（1935 年 10 月 31 日）。

長澤先生大鑒九月十九日寄上寸函度已久蒙

察及比維

履候清嘉為頌弟前向諸橋轍次先生商向靜嘉文庫借照濟生拔

萃中之鐵經節要汲古雲歧鐵法汲古家珍保嬰集四書昨得諸橋

先生十月十九日來信已承允諾慨借並囑弟卽函告

閣下商量將以上四種書攝照意甚可感茲將覆函附呈

鑒核轉交其書敬乞

終技師卽往靜嘉文庫借出付影寄下無任禱企專此布悃敬頌

台祺

附覆諸橋先生信一件　　二十四年十月三十一日

（10）长泽规矩也致张元济函（1935年12月24日发）

敬启者，上次奉到大函以来，久未通讯，为俗务所累也，原谅是祷。杂志《书志学》逐号奉上，未知照收否？《北碉诗集》日前渐照完，容日再查奉上。静嘉医书，明春照相。顷悉《武经七书》《清明集》《乐善录》《搜神秘览》已出版，《太平御览》亦将出书。年前开列奉上当寄赠该书者姓名，其后办事换人不赘，静嘉堂方面执事换人，东洋文库主任换人，即请由贵处寄赠各书。除将一部直接寄下敝处外，即请将全数一并寄下（静嘉堂则向东京市外砧村静嘉堂文库内鄙人寄下，东洋文库份则向弟小石川本宅发下是请）。余容再叙。敬乞

文祺

中华上海极司非而路四十号
张菊生先生

日本神奈川县叶山町森户
长泽规矩也寄

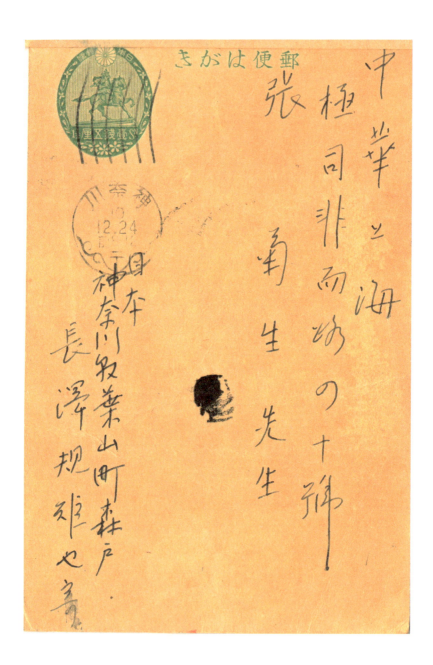

きがは便郵

中華之海

張

極司非而物の十孫

菊生先生

日本
神奈川叔葉山町森戸.

長澤規矩也

(11) 张元济致长泽规矩也函底（1935 年 12 月 30 日）

录廿四年十二月卅日张菊翁致长泽规矩也先生函

昨诵邮便叶书，谨悉一是。《武经七书》《清明集》（借自静嘉堂）、《乐善录》（借自东洋文库）、《搜神秘览》（借自崇兰馆，狩野博士介绍）、《太平御览》（借自图书寮、东福寺及静嘉堂文库）已先后出书，应赠送藏书者及赞助诸君子，敝处均已预备，正拟邮寄，忽奉手教，知各处执事人更换，允为转交，不胜感荷。惟事过繁杂，先生又移居神奈川县，往返东京殊不便，故不欲多渎。兹先开呈清单，敬祈察阅。如有可以直接邮寄之处，仍乞开示居址，由敝馆交邮局迳递。单上所列居址如有变动，亦乞示知，其或有居处无定者，当仍托转交。再，图书寮寮头应否赠送《太平御览》一部，亦祈酌示，并以其姓名及住所示我为幸。承惠《书志学》依次收到，感拜嘉惠。《北磵诗集》不日照成，甚欣慰。静嘉堂医书数种，明春再照相不迟也。琐琐渎神，无任感悚。

寄赠阁下书五种，即日交邮局寄上，乞莞纳为幸。

313

赠送清单

宇野哲人博士：《武经七书》《清明集》《乐善录》《搜神秘览》，住东京小石川区高田老松町十一。

诸桥辙次博士：《武经七书》《清明集》《乐善录》《搜神秘览》《太平御览》。

岩崎男爵：静嘉堂文库主人，同上五种，东京市外玉川砧村静嘉堂文库。

帝国图书寮：《太平御览》，所在不详，但知为宫城内，乞详示。

东洋文库：《乐善录》，所在不详，乞示。

石田幹之助：同上。

錄廿四年十二月卅日張菊翁致長澤規矩也先生函

昨誦郵便葉書謹悉一是武經七書清明集嘉堂借自靜樂善錄東洋借自

文搜神祕覽野博士介紹借自崇蘭館狩太平御覽寺及靜嘉堂文庫已先後

庫

出書應贈送藏書者及贊助諸君子歛處均已預備正擬郵寄忽

奉手教知各處執事人更換允爲轉交不勝感荷惟事過繁雜先

生又移居神奈川縣往返東京殊不便故不欲多瀆茲先開呈清

單敬祈察閱如有可以直接郵寄之處仍乞開示居址由歛館交

郵局遞遞單上所列居址如有變動亦乞示知其或有居處無定

者當仍託轉交再圖書寮寮頭應否贈送太平御覽一部亦祈酌

示並以其姓名及住所示我爲幸承惠書誌學依次收到感拜嘉

商務印書館啓事用箋

SC047

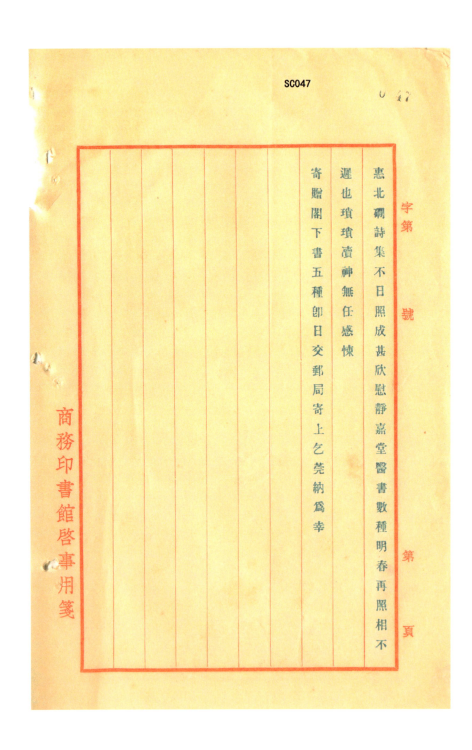

惠北碉詩集不日照成甚欣慰靜嘉堂醫書數種明春再照相不

遲也瑣瑣瀆神無任感悚

寄贈閣下書五種卽日交郵局寄上乞莞納爲幸

商務印書館啓事用箋

贈送清單　號　　第　頁

宇野哲人博士　武經七書　清明集　樂善錄　搜神祕覽
　　住東京小石川區高田老松町十一

諸橋轍次博士　武經七書　清明集　樂善錄　搜神祕覽
　　　　　　　太平御覽

岩崎男爵　靜嘉堂文庫主人　同上五種
　　東京市外玉川砧村靜嘉堂文庫

帝國圖書寮　太平御覽　所在不詳但知為宮城內乞詳示

東洋文庫　樂善錄　所在不詳乞示

石田幹之助　同上

商務印書館啓事用箋

（12）长泽规矩也复张元济函（1936年1月18日）

张先生赐鉴：

日前奉诵手教，敬悉一是。报上广告有《续古逸丛书》与《辑印古书》之出版，想系一书两样。鄙人尝与马继华君订约赠书，姓名概如下列：《辑印古书》每种一部，赠宇哲博士、静嘉堂、图书寮各一部；自图书寮借出者，赠图书寮（一共二部）、寮头、铃木事务官、橘井嘱托各一部；自内阁文库借出者，赠内阁文库、秋山属、樋口属各一部；自静嘉堂借照者，赠文库（一共两部）、藤田执事、诸桥博士、饭田氏各一部；自东洋文库借照者，赠东洋文库、石田氏。

其后执事更换如下：图书寮杉寮头、铃木事务官转任；内阁文库秋山属退官，樋口属脱离图书事务；东洋文库石田氏离职；静嘉堂藤田执事离职。因此与各处接洽改之如下为妥：

《辑印古书》赠各一部：

图书寮：东京市麹町区竹桥内北桔御门内。

静嘉堂：东京市外砧村冈本。

宇野博士：小石川高田老松町十一（无改）。

自图书寮借照者，图书寮（与上记一共两部），图书寮规定，凡借照付印出者，当赠两部。

杉荣三郎博士：小石川区驾笼町一二三。

铃木重孝先生：淀桥区上落合一丁目四二四（地名变更）。

橘井清五郎先生：世田谷区上马町二丁目一二〇四（地名变更）。

现在寮头、事务官俱无古书趣味，不必赠送（从橘井氏意见）。

内阁文库（付〔附〕注：内阁现在拒绝照相一书全部。）

内阁文库：麹町大手门内。

秋山谦次郎先生：品川区东大崎四丁目二二五（迁移）。

樋口龙太郎先生：麹町大手门内阁文库转。

静嘉堂：

静嘉堂（一共二部）

诸桥博士：淀桥区西落合町一丁目二四（迁移）。

饭田良平先生、根津信治先生、藤新任执事：东京市外砧村冈本九一二。

东洋文库：

东洋文库：本乡区上富士前町。

石田幹之助：赤坂区新坂町六五。

岩井大慧：小石川驾笼町九五。

（石田氏复任）将来借照东洋文库藏书有便。

上次印出各书：《山谷外集》为图书寮书，《饮膳正要》为静嘉堂之书，概从上记办法。想此次中华学艺社方面亦有赠书之计画，即乞就近与学艺社接洽，一面省重复赠书，一面无脱漏赠寄为盼。恭覆，并颂

撰安

弟长泽规矩也拜启

1936 年 1 月 18 日

再者，听西京松浦氏迁至满洲。

〔请岫庐、拔可先生台阅，阅过多打数分〔份〕，再行细细分别。张元济。25/1/25〕

1函No. 27—1

元济先生左右：迴示奉悉分再彩印三方刻

张先生约鉴日前奉

手教敬悉一是、报上广告首续古逸丛书与

续印古书之古版表译一书两种

马隆本耑订约照书如右、撿如下列：

辑印古书每种一部

窝梦珠士 静安堂、图书馆、共一部

曲园先生备去者

园去年武遗章次、铃本子汤古

橋井嘱记

园文库附図文库 秋山属、樋口属、共一部

白山冈文库备去者

师四阁文库

白静嘉堂僑処居

铭田氏

照 文库一部（两部）藤田颖甲 访橋博士

自東洋文庫借此書

恰余洋文庫　石田氏

其後執事更換如下

国書案　　杉本案次　鈴木事義古　轉任

内閣文庫　秋山属退官　樋口属駁蹴図書事傷

東洋文庫　石田氏離職

靜山先 隨四執事離職

箱印古書照大一部

国書案　東京市麹町区竹橋内北桔鮮門内

靜素堂　東京市外砸村岡本

宇野博士　小石川高田老松町十一（無改）

因此、与吾慶接洽、沒立如下与安。

前国書案借此書

No. 3　　　　　　　　　　年　月　日

図書案（一共両部）　与上記

圖書案九帙帆信五幣币

杉榮三郎博士　　小石川區篤志籠町一二三

鈴木重產先生　　淀橋區上落合一丁目四二四（如石戀火）

橋井清五郎先生　世田谷區上馬町二丁目一三〇四（〻）

現在奉頒書籍官佬廿古書趣味小心

好逸（漢橋井氏多ん）

内閣文庫　廿注、内閣現在推絶　已れ一本全部

内閣文庫　麹町大手門内（今日）

秋山謙次郎先生　品川區東大橋四&二二五（遠移）

樋口龍太郎先生　麹町大手門内閣文庫務

静嘉堂　静嘉堂（一号二郎）

諸橋博士　淀橋區西落合町一丁目二四（遠移）

飯田良平先生

根津信治先生　東京市外砧村岡本九一二　轉了任報史

322

東洋文庫

東洋文庫

石田幹之助

岩井大慧

（石田氏後任）

本郷区上富士前町

赤坂区新坂町六五

小石川　駕籠町九五

（将来僕より東洋文庫蔵書宛便）

上次印出去書　小吾皆お届申筆書。飲腹向あ不

静本塾上書　枕後之記か法・忠千次中華旦聖盛

社方西多首贈書之計画、印已就近与莘届

社接洽、一面書重複贈書、一面無脱漏贈

寄ゐ的。好冀偃亭攷

撰安

　　　　　　　　　　光沢お九七相応

再者、以・西東枠浦氏連も陽晦

（13）张元济致长泽规矩也函底（1936 年 2 月 6 日）

长泽先生大鉴：

奉诵一月十八日环函，敬悉一一。欣审新祺迪吉，如颂为慰。前呈书单，仰承指示周详，尤为感荷。谨就尊意略为变更。至上次印出各书，中华学艺社方面虽有赠书之计画，惟自郑心南、马宗华二君相继离沪，深恐社中无专责之人，漏送在所不免。兹由敝馆一律补送，以答雅谊。附呈清单壹份，敬祈察存。

尊寓现移外县，有劳跋涉，总觉不安，赠书各处既蒙开示住所，均拟分别直接交邮局递寄。再，《百衲本二十四史》数年前出版之《三国志》借自帝室图书寮，《陈书》借自静嘉堂，当时均送交中华学艺社，郑、马二氏均在社中任事，万一未曾赠送，亦乞见示，以便补奉。再，我兄处如有未曾赠送之书，亦祈告我，万勿客气。屡渎清神，弥增惭感。专此，敬颂

台安

附清单壹份。

二十五年二月六日

長澤先生大鑒奉誦一月十八日

環函敬悉一一欣審

新祺迪吉如頌為慰前呈書單仰承

指示周詳尤為感荷謹就

尊意略為變更至上次印出各書中華學藝社方面雖有贈書之計

畫惟自鄭心南馬宗霍二君相繼離滬深恐社中無專責之人漏送

在所不免茲由敝館一律補送以答雅誼附呈清單壹份敬祈

察存

尊寓現移外縣有勞

跋涉總覺不安贈書各處既蒙

SC024

囑示住所均擬分別直接交郵局遞寄再衲本二十四史數年前

出版之三國志借自帝室圖書寮陳書借自靜嘉堂當時均送交中

華學藝社鄭馬二氏均在社中任事萬一未曾贈送亦乞

見示以便補奉再我

兄處如有未曾贈送之書亦祈

告我萬勿客氣屢瀆

清神彌增慚感專此敬頌

台安

附清單壹份

二十五年二月六日

附件：赠送借照日本各书清单

赠送借照日本各书清单

《武经七书》：宇野哲人博士一部，诸桥辙次博士一部，静嘉堂二部，图书寮一部，饭田良平一部，根津信治一部。

《清明集》：同上　同上。

《乐善录》：宇野哲人博士一部，诸桥辙次博士一部，图书寮一部，静嘉堂一部，东洋文库一部，石田幹之助一部，岩井大慧一部。

《搜神秘览》：宇野哲人博士一部，诸桥辙次博士一部，静嘉堂一部，图书寮一部。

《太平御览》：宇野哲人博士一部，诸桥辙次博士一部，静嘉堂二部，图书寮二部，杉荣三郎博士一部，铃木重孝一部，橘井清五郎一部，饭田良平一部，根津信治一部。

［长泽来信云学艺社前已送去。］

《群经音辨》：静嘉堂二部，饭田良平一部，诸桥辙次博士一部，根津信治一部，宇野哲人博士一部，图书寮一部。

《饮膳正要》：同上　同上。

《东莱先生诗集》：图书寮一部，宇野哲人博士一部，内阁文库一部，樋口龙太郎一部，秋山谦次郎一部。

《平斋文集》：同上　同上。

《梅亭先生四六标准》：同上　同上。

《山谷外集诗注》：宇野哲人博士一部，图书寮二部，杉荣三郎博士一部，铃木重孝一部，橘井清五郎一部。

SC107

擬送借照日本各書清單

武經七書		
	宇野哲人博士	一部
	喆橋轍次博士	一部
	靜嘉堂	二部
	圖書寮	一部
	飯田良平	一部
	根津信治	一部
清明集		
	同上	同上

樂書叢		
	宇野哲人博士	一部
	喆橋轍次博士	一部
	圖書寮	一部
	靜嘉堂	一部
	東洋文庫	一部
	石田幹之助	一部
	岩井大慧	一部
搜神祕覽		
	宇野哲人博士	一部

諸橋轍次博士	一部
靜嘉堂	一部
圖書寮	一部
太平御覽	
宇野哲人博士	一部
諸橋轍次博士	一部
靜嘉堂	二部
圖書寮	二部
杉榮三郎博士	一部
鈴木重孝	一部

橘井清五郎	一部
飯田良平	一部
根津信治	一部
藝術叢編	
靜嘉堂	三部
飯田良平	一部
諸橋轍次博士	一部
根津信治	一部
宇野哲人博士	一部
圖書寮	一部

329

SC113

白鹿年録		
	同　　　上	同　上
東萊先生詩集		
	圖書寮	一部
	宇野哲人博士	一部
	内藤文庫	一部
	樋口龍太郎	一部
	秋山謙次郎	一部
平齋集		
	同　　　上	同　上

某先生前六擇準		
	同　　　上	同　上
以後外集詩注		
	宇野哲人博士	一部
	圖書寮	二部
	杉榮三郎博士	一部
	鈴木重孝	一部
	橘井清五郎	一部

（14）张元济致长泽规矩也函底（1936年2月20日）

长泽先生大鉴：

　　昨奉二月十二日环函，敬悉一一。承询示上次印出之《群经音辨》等书已由中华学艺社赠送，嘱勿复寄，并蒙示及借影《济生拔萃》即可寄下，至以为感。《廿四史》第五期书出版虽已踰月，适值旧历年终，馆员较为忙冗，应呈尊处一部甫于本日邮寄，至静嘉堂及诸桥、宇野两博士赠书，日内亦即发递。前承示及橘井、铃木二君住址（一住世田谷区上马町二丁目一二〇四，一住淀桥区上落合一丁目四二四），来示注有地名变更四字，是否从前不住彼处现甫移居之意，敬祈明示，以便通邮。李拔可兄前寄《圣遗诗》，仰荷分别转赠，嘱笔致谢。专此，敬颂

台安

二十五年二月二十日

331

長澤先生大鑒昨奉二月十二日

環函敬悉一一承

詢示上次印出之羣經音辨等書已由中華學藝社贈送囑勿複寄

並蒙

示及借影漢生拔萃卽可寄下至以爲感廿四史第五期書出版雖

已論月適值舊曆年終館員較爲忙冗應呈

尊處一部甫於本日郵寄至靜嘉堂及諸橋宇野兩博士贈書日內

亦卽發遞前承

示及橘井鈴木二君住址 一住世田谷區上馬町二丁目一二〇四 一住澁橋區上落合一丁目四二四

來示注有地名變更四字是否從前不住彼處現甫移居之意敬祈

明示以便通郵李拔可兄前寄聖遺詩仰荷

台安

分別轉賜囑筆致謝專此敬頌

二十五年二月二十日

(15) 长泽规矩也致张元济函（1936 年 2 月 26 日）

张先生钧鉴：

　　手教并百衲本第五期份八包照收。承询橘井、铃木二氏住址，地址仍旧，地名更改（因为东京市前年扩充地面，编入旧时之郊外于市部，又近时屡整理地区，更改街名，修正面牌也）耳。顷听敝国宫内省图书寮近将改组内部，将来借照难办，倘贵馆方面有照相该寮藏书，从速示寄是盼。（橘井氏所说）上次印出《太平御览》之际恐不易办。并布，敬请

撰安

长泽规矩也拜手

1936 年 2 月 26 日

［25/3/14 复。］

張先生鈞鑒

手教並百衲本第五期份例包匦收，事

詢橘井鈴木二氏住址，地址仍舊，地名更改（因為東京

市前年擴充地面，稿入舊時之郊外于市郊，又近時

屢整理地區，更改街名，修正西牌や）耳、

頃听，都五官四有圖書奎，近淺組四部，將來

倘此誰办、偽

貴館方面有向该局申出要求本 有匦扎該案若去

從速

示寄是防（橘井氏开说）、々項

即出太平八兄土字，恐勿易办、并佈、敬请

撰安

(16) 长泽规矩也致张元济函（1936 年 3 月 2 日）

张先生钧鉴：

日前收到向静嘉堂文库掷下之书籍，恭谢恳情。诸桥主任游历京阪未返，岩崎男【爵】避这次祸乱①而在于别墅，容日分别赠呈。但根津执事②、饭田司书③份未接，续寄为盼。耑此奉谢，并请

文安

长泽规矩也拜

再者，这次兵变已镇，市中除交通一部分杜绝外，全无动摇，已全归平静，放念为祷。

1936 年 3 月 2 日

［任心白先生：此二分〔份〕书已否寄出，乞代拟覆信。张元济。25/3/7］

---

① 指二二六事件。1936 年 2 月 26 日发生兵变。日本帝国陆军的部分"皇道派"青年军官率领千余名士兵对政府及军方高级成员中的"统制派"与反对者进行刺杀，最终政变遭到扑灭。

② 根津信治。

③ 饭田良平。

張先生鈞鑒 日前收到
勾靜永生之□

閣下之書一摺奉謝

迴復、諸物且佐遊歷京阪未返、岩崎男爵

這次摺亂如何玉于別墅容日□別奶主似

根津執事飯四司書偽□□未接

債等如此、為此于謝并请

之安

再者這次兵變已鎮、市中除交通一部分

杜絶外、全無别掻、已全歸平穩

敬念々禱

(17) 长泽规矩也致张元济函 （〔1936年〕3月3日）

张先生钧鉴：

日昨奉上一函，今来文库，知悉向鄙库根津、饭田两位惠下之《太平御览》所参书，均于昨日拜领。除由两位先生寄奉谢函外，由弟恭谢恳情。余寒虽去，敬祈珍摄，并颂

文祉

付〔附〕上根津先生手札一①。

弟长泽规矩也拜手

三月三日

---

① 附件缺。

張先生鈞鑒。昨日們奉上一函，今承文庫，由知
悉向郡軍根津飯四兩位
惠下之大礼以蒙承參書，均于昨日拜領，
除由兩位先生等奉專謝函外，由弟恭謝
鍾情，餘寒猶屬，敬祈
珍攝，耑頌
文祉。

弟 〔署名〕
三月二日

附之根津至子礼曰

（18）张元济复长泽规矩也函底（1936年3月14日）

长泽先生大鉴：

叠奉三月二日、三日两惠函，藉知月前寄赠诸桥博士暨岩崎男爵书籍均已达到，因值二公他出，仰荷代留转致，至以为感。又寄赠根津、饭田二氏书籍，邮递稍缓，续奉二氏覆信，知亦均邀察收矣。前得二月二十六日手教，转达橘井先生之言，谓图书寮不日改组，敝处如有借照之书，应速申请。谨查寮中藏有宋刊《集韵》、宋刊《游宦纪闻》、元刊残本《类编花果卉木全芳备祖》前后集，颇思借照，如照相价格无所增加，一切仍照去年三月所订合同办理。拟请代制申请书呈上，寮头允许后即行着手。又《济生拔萃》中借照四种，前承示及不久可以照出，甚盼早日寄示。琐琐渎神，无任感祷之至。专复，祗颂

台安

二十五年三月十四日

長澤先生大鑒疊奉三月二日三日兩

惠函藉知月前寄贈諸橋博士暨岩崎男爵書籍均已達到因值二

公仙出仰荷

代留轉致至以為感又寄贈根津飯田二氏書籍郵遞稍緩續奉二

氏覆信知亦均邀鑒收矣前得二月二十六日

手教轉達楓井先生之言請圖書寮不日改組敝處如有借照之書

應速申請謹查寮中藏有宋刊集韻朱刊游宦紀聞元刊殘本類編

花果卉木全芳備祖前後集頗思借照如照相價格無所增加一切

仍照去年三月所訂合同辦理擬請

代製申請書呈上寮頭允許後卽行着手又滿生拔萃中借照四種

SC010

前承

示及不久可以照出甚盼

早日寄示瑣瑣凟

神無任感禱之至專復祇頌

台安

二十五年三月十四日

(19) 长泽规矩也致张元济函（1936 年 6 月 16 日）

迳启者，日前奉上一片，报告内野氏皎亭文库藏书画古籍，月之二十一、二十二、二十三日，于美术俱乐部拍卖。重要书单如下：

七号、勅版《皇朝类苑》旧刊　　十五册

十、《古文尚书》旧抄　　六册

九、宋刊《宛陵集》　　十册

一三〇、五山板《黄山谷集》　　十册

一三三、宋椠《三世相》　　一册

一三五、宋椠《中庸》　　一册

一三九、五山板《杜工部集》　　六册

一四〇、宋椠《圜悟心要》　　二册

一四一、宋椠《高僧传》　　二册

一四五、旧抄本《论语义疏》　　十册

一四六、旧抄本《论语集解》

一四八、宋椠《东坡诗集》　　廿二册

一五〇、宋椠《佛国禅师文殊指南》　　一帖

一五一、宋椠《明州阿育王塔传》　　一卷

三五二、《曼殊留影》

四三一、《御选唐诗》□板　　十六册

四五二、明版《方氏墨谱》　　八册

四五八、《初学有学集》　　四十册

四六一、《古芸余香》　　十二册

四六四、元椠《杜工部集》　　五册

四六九、《文澜阁本四库全书柳河东集》　　六本四册

四七〇、元椠《十八史略》　　二册

内有涵芬楼方面欲购书，从速用电报开示号码（上头所记，不必书书名）、价目，以便代办。嵩此奉布，恭颂

文祺

长泽规矩也拜

请用日本文，便递。

日文电报所用住址　カナガワケン　ハヤママチ　モリト　ナガサリキりや

欧文：K. Nagaoawa Hayamamachi Kanagawaken

［25/6/29 复］

逕啟者。日前奉上一函片，报告內建氏設立文庫

現在查古籍，月之二十三号。于美術佛象

卻購買，茲將各書目單如下

七号　勅版皇朝類苑刊十五册

十、　古文尚書　　　　四册

九、　宋刊究陵集　　　　十册

一三〇　土山板黃山谷集　十册

一二七　宋槧之世礼　　　一册

一二五　宋槧中庸　　　　一册

一二九　土山板扛工部集　二册

一二六　宋槧圖僅いるめ　二册

一四〇　"　高僧传いるめ　二册

一四一　"　高僧传何　　　二册

一の二　以校本論注義疏　十册

一四六　四种合论汽车里解

一〇八　宋椠东坡书
一五〇　〃
一九一　〃　佛书祥师多题模记　　廿二月
一九一　〃　州府阿育王经王珍记　　一月
三五二　受珠有引　　一月
四〇二　□遺□□报　　十六月
四〇二　州版方氏墨谱　　八月
□□八　初学书考　　十月
□□□　古岩像名　　八月
□□□　元契杜工部集　　十二月
一六四　又阙阙书□柳阿米其□本□　　四月
一六九　□□□
□.〇　之□十八□阿□□

内有　涵芬楼方面应转给李　　迳连用电报

450

開示號碼 上記附記、
ハ必書書名
侗用、ハ侯代かち此年

又提つ
侗
清用　　　　　　　　　茅頌
日本文　　　日文 電稅苓甪佳地
侯進　　　カナがワケン　ハヤマママ4
モリトL
次文
K. Nagasawa
Hayamamachiy
Kanagawakenn
がワキうや

25
冬/
29
仮

（20）张元济复长泽规矩也函稿（〔1936年〕6月29日）

长泽先生大鉴：

敬覆者，前月偕友人赴四川登峨嵋，往返约一月，抵沪后展诵六月十三日片示及十六日惠函，均敬悉。内野皎亭先生遗书未能保藏于其家，甚为惋惜。辱为指示，属为选购，适弟远行，失此机会，殊为可惜。其中宋刊《宛陵集》未知为何人所得，购价若干，便中乞示悉为幸。《北碉诗集》《济生拔萃》中四种照片均已收到，容另覆。专此布谢，敬颂

台安

弟张元济顿首

六月廿九日

長澤先生大學教授茶愛者前月惠之趣

四月登歲着往返約有抵滬及廣涌

六月十三日

志自惠示致生内野段亭先生

遺言志頃保藏於其家為為快情辱為

指示為進遂遠行失此機會

殊為多情其中刊亦陵柴為和為何

人而得嫌優羊年優中去

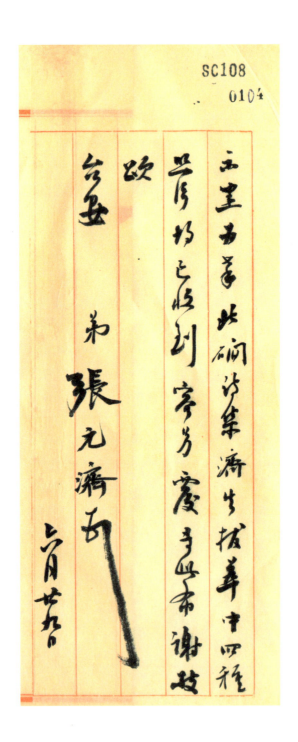

正呈五叟此硕洁集涛生拔萃中四程

尊杨已经到宁另废幸此布谢政

颂

台安

弟 张元济再启

廿六

(21) 张元济致长泽规矩也函底（1936 年 7 月 3 日）

长泽先生大鉴：

本年三月七日、六月二十九日迭寄两缄，计荷台察。昨接梅井照相师六月十五日来函，并寄到《北碉诗集》照片一百九十六叶、《济生拔萃》中书四种计七十四叶，均照收无误。申请书合计共为一百零八圆，应付半数计日金五十四圆，购就上海银行汇票一纸，附请察收转交。前恳转向图书寮借景宋刊《集韵》、宋刊《游宦纪闻》、元刊残本《类编花果卉木全芳备祖》前后集等书，想蒙商借就绪，并仍委托梅井君接续摄照矣。诸渎清神，感谢不尽。专此，敬颂

大安

梅井先生代为致候，恕不另复。

二十五年七月三日

351

SC007

0007

長澤先生大鑒本年三月七日六月二十九日迭寄兩緘計荷

台察昨接樗井照相師六月十五日來函並寄到北礀詩集照片壹

百玖拾陸葉清生拔萃中書四種計柒拾肆葉均照收無悞申請書

合計共爲壹百零捌圓應付牛數計日金伍拾肆圓購就上海銀行

匯票一紙附請

察收轉交前懇

轉向圖書寮借景宋刊集韻宋刊游宦紀聞元刊殘本類編花果卉

水全芳備祖前後集等書想蒙

商借就緒並仍委託樗井君接續攝照矣諾瀆

清神感謝不盡專此敬頌

大安

榑井先生代爲致候恕不另復

二十五年七月三日

（22）张元济致长泽规矩也函底（1936 年 8 月 7 日）

长泽先生大鉴：

　　日前接奉七月一日片示，又同月二十五日覆函，并附下榑井照相师精算书、受领证各一份，均经覆核无讹。惟《周益文忠公集》内有一百五十八枚未照规定尺寸，上年八月一日曾奉函示，谓已商诺榑井每页减付二角，共计应扣三十一圆六角，扣除外实存一百三十七圆八角，祈再察核。前项找价拟即清付，特购就上海银行日金汇票一纸，又收付清单一份，一并附请察收转交。

　　至借照图书寮之书，尚须与铃木重孝氏接洽，如有困难，即请作罢。另呈新印先人遗著《中庸说》大本一部，又缩本《中庸说》《孟子传》各一部，敬乞莞纳。外致宇野、诸桥、铃木、橘井诸公及图书寮各函，并附致分送各书清单，统祈费神分别转送，拜托，至感。

　　再，内野氏所藏残本《宛陵集》为文求堂所得，未知已售出否，售价几何？并祈见示为幸。专此布渎，敬颂

台祺

二十五年八月七日

長澤先生大鑒日前接奉七月一日

片示又同月二十五日

覆函並附下樺井照相師精算舊受領證各壹份均經覆核無訛惟

周益文忠公集內有壹百伍拾捌枚未照規定尺寸上年八月一日

曾奉

函示謂已商諾樺井每頁減付貳角共計應扣叁拾壹圓陸角扣除

外實存壹百叁拾柒圓捌角新再

察核前項找價擬卽清付特購就上海銀行日金匯票壹紙又收付

清單一份一併附請

察收轉交至借照圖書寮之書倘須與鈴木重孝氏接洽如有困難

SC041

0041

即請作罷另呈新印先人遺著中庸說大本壹部又縮本中庸說孟

子傳各壹部敬乞

莞納外致宇野諸橋鈴木橘井諸公及圖書寮各函並附致分送各

書清單統祈

費神分別轉送拜託至感再內野氏所藏殘本宛陵集爲文求堂所

得未知已售出否售價幾何並祈

見示爲幸專此布凟敬頌

台祺

二十五年八月七日

附件：张元济托长泽规矩也转交书函清单

托长泽

奉烦转交书函清单

宇野哲人博士信壹函，外缩本《中庸说》《孟子传》各壹部。

诸桥辙次信壹函，外缩本《中庸说》《孟子传》各壹部。

帝室图书寮信壹函，外大本《中庸说》壹部。

铃木重孝信壹函，外大本《中庸说》壹部，缩本《中庸说》《孟子传》各壹部。

橘井清五郎信壹函，外大本《中庸说》壹部，缩本《中庸说》《孟子传》各壹部。

0109

奉煩轉交書函清單

宇野哲人博士信壹函　外縮本中庸說孟子傳各壹部

諸橋轍次信壹函　外縮本中庸說孟子傳各壹部

帝室圖書寮信壹函　外大本中庸說壹部

鈴木重孝信壹函　外大本中庸說壹部縮本中庸說孟子傳各壹
部

橘井清五郎信壹函　外大本中庸說壹部縮本中庸說孟子傳各
壹部

（23）张元济致长泽规矩也函稿（1936 年 8 月 29 日）

　　收信人：长泽规矩也　　地址：日本神奈川县叶山町堀内森户
　　去信人：张
长泽先生大鉴：

　　昨奉八月二十日覆函，敬悉种切。寄送诸友书籍，承代分致，不胜感谢。借景图书寮善本，蒙续与铃木先生商酌，尤深衔感。景宋残本《公羊单疏》已交邮局寄呈一部，至祈莞纳。承惠图书寮宋本书影，网罗无遗，自系蔚然大观，一俟递到，除展读外，并即交与东方图书馆什袭珍藏，备供众览。先此布谢，祇颂

台安

　　　　　　　　　　　　　　　　　　　　廿五年八月廿九日

　　［请照打。张元济。25/8/29］

359

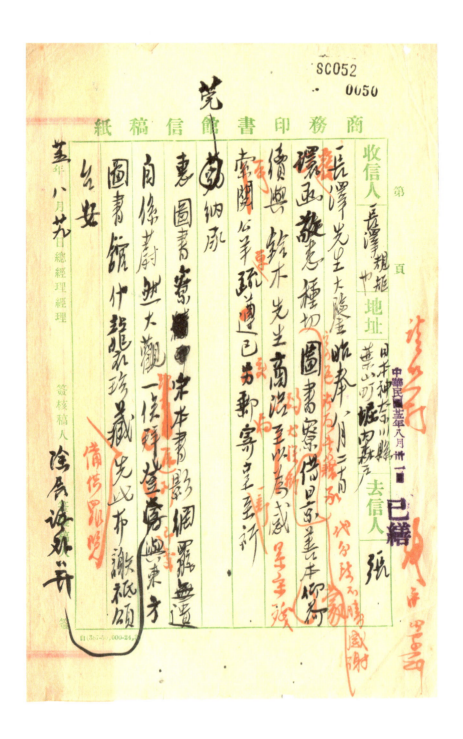

（24）张元济致长泽规矩也函底（1936年10月2日）

录廿五年十月二日张菊翁致长泽规矩也君函

奉到九月八日邮便叶书，捧诵，藉悉寄呈景印《公羊单疏》已荷察入。承惠图书寮书影两部已收到，不胜感谢。近又寄去《中庸说》《孟子传》各一部，托转送德富苏峰氏。兹有信一件①，亦祈代致。琐琐屡渎，惶悚无似。

---

① 见张元济致德富苏峰函底（1936年10月2日）。

SC039

録廿五年十月二日張菊翁致長澤規矩也君函

奉到九月八日郵便葉書捧誦藉悉寄呈景印公羊單疏已

荷察入承惠圖書寮書影兩部已收到不勝感謝近又寄去

中庸說孟子傳各一部託轉送德富蘇峯氏茲有信一件亦

祈代致瓄瓄屢瀆惶悚無似

商務印書館啓事用牋

(25) 张元济致长泽规矩也函底（1936 年 11 月 28 日）

录廿五年十一月廿八日张菊翁致长泽规矩也君函

十月二日曾寄一缄，并附致德富先生一函，外附先著《中庸说》《孟子传》各一部，谅邀察收转致。敝馆景印黄善夫本《史记》，悉仗鼎力，克底于成。该书业已出版，谨寄奉一部，至祈莞纳。此书昔年曾赖德富苏峰、黑井悌次郎二氏转向上杉伯爵补景六十卷，始成完璧。今各拟赠送，不敢屡渎左右。但二氏及上杉伯邸住所未知所在，敬祈先生明示，当将谢函及书籍直寄。又，前拟借影图书寮宋刊《集韵》、宋刊《游宦纪闻》、元刊残本《类编花果卉木全芳备祖》前后集，奉示因有困难，须与铃木重孝君商议，不知能邀允许否？并祈示悉为幸。朔风戒寒，伏维珍卫。

［请心白先生阅过发还。另呈长泽君来信并槫井收条，请呈王、李二公阅过，收条交会计科，信录出归卷，原信发还。张元济。26/3/19］

［敝处并无存底，请将去信补发备查。未蒙发下，仍乞检示。张元济。26/3/21］

363

示悉爲幸朔風戒寒伏維珍衞

集奉示因有困難須與鈴木重孝君商議不知能邀允許否並祈

刊集韻宋刊游宦紀聞元刊殘本類編花果卉木全芳備祖前後

在敬祈先生明示當將謝函及書籍直寄又前擬借影圖書寮宋

璧今各擬贈送不敢屢瀆左右但二氏及上杉伯邸住所未知所

德富蘇峯罴井悌次郎二氏轉向上杉伯爵補景六十卷始成完

克底於成該書業已出版謹寄奉壹部至祈莞納此書昔年曾賴

子傳各一部諒邀察收轉致敝館景印黃善夫本史記悉仗鼎力

十月二日曾寄一緘並附致德富先生一函外附先著中庸說孟

錄廿五年十一月廿八日張菊翁致長澤規矩也君函

商務印書館啟事用牋

（26）商务印书馆致长泽规矩也函底（1937年1月6日）^①

长泽先生大鉴：

　　献岁发春，敬祝撰祉延鸿。兹有渎者，张菊生先生于上年十一月间曾寄一缄，奉询上杉伯邸暨德富、黑井二先生通讯详址，以便寄赠书函，迄未奉复。惟书函早经备就，深恐上杉诸公悬念，谨将菊公亲致上杉、德富、黑井三公各一函随函附上^②。奉赠上杉伯邸黄善夫本《史记》二部，德富、黑井两先生各一部，共为四部，均于本日妥寄东京文求堂^③田中庆太郎^④先生，请其暂为保存，祇候台端提取，仍恳连同信函分别转致，无任感荷！专此，敬颂
新禧

二十六年一月六日

---

① 此件系任绳祖致张元济函（1937年1月7日）之附件。

② 见张元济致上杉伯爵函稿（1936年11月27日）、张元济致德富苏峰函稿（1936年11月26日）。

③ 1861年在京都创办，原本是日本皇家御用书店，店名"文求"。1901年迁至东京。日本关东大地震后，于1927年新建文求堂新舍，建成后，文求堂的经营范围也由原来主要从北京输入古籍珍本，转变为主要从上海购入实用的、普及性的新刊本。

④ 田中庆太郎（1880—1951），早年毕业于东京外国语大学中国语学科，后来到中国北京、上海、苏州、杭州等地游学，精于中国古籍的版本学、目录学。

SC042

0 42

商務印書館信件副頁

澄字第　號　　　　第　頁

長澤先生大鑒：獻歲發春，敬祝
撰祉延鴻。茲有讀者，張菊生先生於上年十一月間曾寄一
緘，奉詢上杉伯爵與蘆德富黑井二先生通訊詳址，以便寄贈
書函，迄未奉
復。惟書函早經備就，深恐
上杉諸公懸念，茲將菊公新致上杉德富黑井三公各一函，
隨函附上。奉贈上杉伯爵與黃善夫本史記貳部，德富黑井兩
先生各壹部，共為肆部，均於本日妥寄東京文求堂田中慶
太郎先生，請其暫為保存，祗候
台端提取，仍懇達貴信函

字第　　　號

分別轉致，無任感荷！專此敬頌

新禧。

二十六年一月六日

第　　　頁

(27) 长泽规矩也致张元济函（1937 年 3 月 14 日）

张先生赐鉴：

上年初秋奉上一函以来，久未通讯，驰念虽殷，弟俗务多累，加之心虑恶劣，诸事堆积耳。年底年初之交，历年所编《汉和辞书》① 杀青将成，异常多忙，尔来宣传方面多事，且又静嘉堂近收大批日文书，与饭田司书日日整理该书，至今才得假数日。兹报告一切，并深谢得罪之处：

一、上杉伯爵家上年所接洽之执事亡逝，家中已无识弟者。黑井大将久无面晤之机，恐渠已忘弟。一面照相该书之事原出于苏峰鼎力，于是面谈苏峰，商议赠书办法。苏峰云该书则由苏峰转赠，乃连当赠苏峰之一部共四部悉数呈诸苏峰处，想已从意敬呈两处。

一、照相师收条一张，信内寄上。

沪上近情如何？弟已脱离与三省堂② 关系，从事静嘉堂整理，近来上京甚稀，但须俟一月之后整理完了之日再复埋头于研究。今夏或有游沪之机。近来为忙，无甚研究成果，惭愧惭愧。《书志学》杂志独力经营，按号奉赠，一查收无缺号否？谨谢迟缓，并颂
文祉

见惠《史记》乙部早已收到，敬谢。

长泽规矩也拜

1937 年 3 月 14 日

---

① 即《三省堂汉和辞典》。
② 日本出版社，主要从事出版日语和外文字典、辞典、百科全书及教科书。

張先生賜鑒，之年初秋奉之一函，以未，久未通訊，
馳念殷殷，半倍揚多景，加之心緒東方，话多堆
積耳，年底年初之交，慶年所編漢和辭書，殺
青將成，異常多忙，尔来宣代方面多事，並又
靜序季近收大批日文書，与錢四守書曰，籍
话書，立今遠得假趙日，兹振生一切並浮謝
浮の邪之意，

一，杉伯滑家，之年无接洽主敦子亡进，家
中已無淺ヶ者，里开大將久世西時出機，
恐運已忘中，一面出お话書之子，原出
于蘇峰斯方，于是西话蘇峰高既婚
害方法，蘇奉云，话去北田彥峰辦炉，
乃連書之好蘇奉之一部，共田田田郎

No.＿＿＿＿＿　　　　　　　　年　月　日

此类数墨语萍峰宝，恋已经

宝，

一、此书师极惟一份，信内寄工、

此已恍然吾之方在阅停往

沪之近情耶？

子静子庵智况、近来之事甚稀、但之俊谈

一月之智况完了之日、再後埋泷于研究

之夏或有游泷之样。近来为忙、无甚研究

成果。别、他

书法了些新添独力彼（按：师多跨一查

於无锁师否？　谨谢遲缓、并颂

文祉

此東吴记己新畢。

好新　敬谢。

（署名）

附件：樽井写真馆致东方图书馆领收书（日文）（1936 年 9 月）

領收書

一、金壹百叁拾七円八拾錢ソヲ，俱レ：《周易〔益〕文忠公集》《東京夢華錄》《北硼詩集》《濟生拔粹方》。

右撮影代清算殘金全部。

右金額正：領收申候也。

昭和拾壹年九月　日

東方圖書館

大日本
東京市淺草區柳橋
クレ井①寫真館
電話淺草二二四一番

---

①　即樽井（クレイ，或称くれい）。

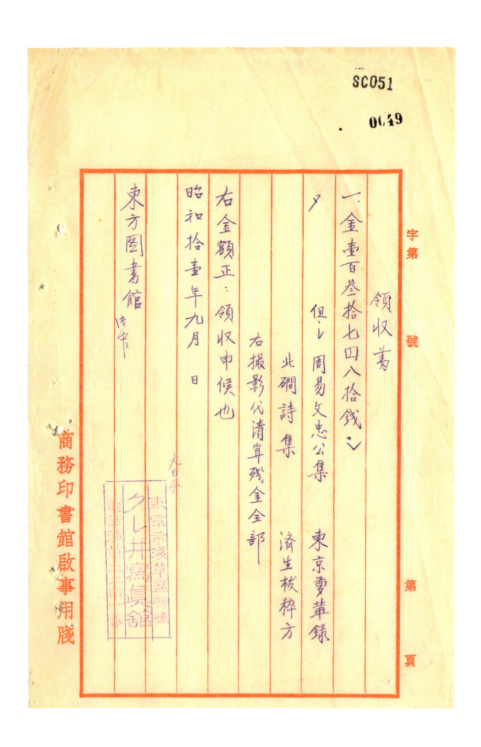

字第　　　　號　　　　　　　　　　　　　　　　第　　　　頁

一金壹百叁拾七四八拾錢ʓ

ﾒ　　但ʓ周易文忠公集　東京夢華錄

北磵詩集　濟生拔粹方

右撮影代清算殘金全部

領収書

右金額正ニ領収申候也

昭和拾壹年九月　日

東方圖書館　佳舎

商務印書館啓事用牋

（28）张元济复长泽规矩也函底（1937年3月24日）

长泽先生大鉴：

昨奉三月十四日手书，就谂编整宣勤，弥深企仰。惟承示意绪欠佳，不知何所枨触，殊念念也。前呈《史记》一部，知蒙晒纳，续寄四部，亦荷转呈苏峰先生分别持赠。屡渎仁神，且感且悚。

附下梻井写真馆领收书，已交主管部存查。叠蒙惠寄《书志学》杂志，按期展读，至纫雅谊。数年前在静嘉堂文库假印残宋刻《新唐书》，近甫印就，谨呈一部，至祈惠存。《百衲本二十四史》[1] 校订数年，业已完全出版，藉可告慰锦注。前承谆命，在贵国借印之书应赠图书寮一部，此书亦已迳寄，合并陈明。再，拟借影图书宋刊《集韵》，又，《游宦纪闻》、元刊残本《类编花果卉木全芳备祖》，不知尚有希望否？然如有不便，则亦不敢强求。

闻今夏有游沪之兴，届时极盼莅临，藉叙数年契阔也。专此，祗颂

台安

二十六年三月二十四日

---

① 《百衲本二十四史》应在1933年全部出齐。但在一二八事变中商务印书馆被炸，除刚印制完成的十种史书之外，其余十四史均需重新制版，直至1936年全书出版终完成。

SC035

035

长泗先生大鉴昨奉三月十四日

手書敬悉

鋟鏨宣勤彌深企佇惟承

示意結欠佳不知何所根瓸殊念念也前呈史記一部知蒙

哂納續寄四部亦荷

翰呈嘉峰先生分別持匪屬凛

仁神且感且悚

附下槫井寫真館領收書已交主管部存查疊蒙

惠寄書誌學雜志按期展讀至初

雅誼數年前在靜嘉堂文庫假印殘宋刻新唐書近甫印就謹呈壹

部至祈

惠存百衲本二十四史校訂數年棄已完全出版籍可告慰

錦注前承

諄命在

貴國借印之書應隸圖書寮一部此書亦已逕寄合併陳明再嬢借

影圖書朱刊集部又遊宦紀聞元刊殘本魁纂花果卉木全芳備祖

不知尚有希望否然如有不便則亦不敢強求聞今夏有

遊滬之興屆時極盼

貴處輳紋數年契闊也專此祇頌

台安　　二十六年三月二十四日

(29) 长泽规矩也致张元济函（〔1937年4月26日〕收）

　　敬启者，大函并《唐书》乙包照收，敬谢。此次邮包来到此文库晚数日，是以至今。敬呈谢函，详情后报。敬颂
文安

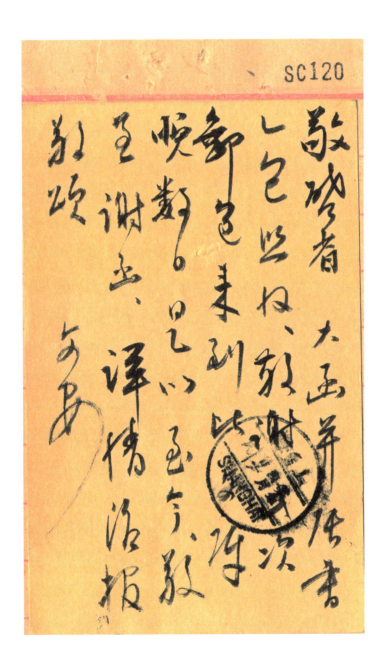

敬啟者 大函并信書
已收到、敬謝。次
郵色未到
候數日己以函奉
至謝丟、詳情洽報
敬頌
台安

(30) 张元济致长泽规矩也函稿（1938 年 5 月 4 日）

收信人：长泽规矩也　　地址：日本神奈川县叶山町森户

去信人：张

长泽先生大鉴：

　　时事至此，无可告语，故久未通讯。比想动定休嘉，至以为颂。前年敝馆筹印元刊《济生拔萃》，中有四种缺佚，曾奉烦清神，代向静嘉文库商借摄入，俾成完本，具感盛意。刻已景印出版，谨寄赠一部计十册，至祈莞纳为荷。另并致诸桥先生信，并祈转致。专此，祗候

台安

廿七年五月四日

紙　稿　信　館　書　印　務　商

第　頁

收信人	長澤規矩也
地址	日本神奈川縣葉山 ……町森戸 ……
去信人	張

長澤先生大鑒：訂頒壽冊總已論羊此想

動定休嘉乃以為頌荊年敝館籌印元刊游生拔萃

中有四種缺佚曾奉煩

清神代向靜嘉文庫商借攝得成完本甚感

盛意刻已景印出版謹寄贈一部計十冊……

兹納為荷專此祗候

台安

芒年五月四日　總經理　經理　　簽核稿人　　簽擬稿人　　簽

自(587-20,000-27,2)

(31) 长泽规矩也致张元济函（1938年6月16日发）

敬启者，曩奉手教，并拜领医书一部，敬谢恳情。

沪上情形，未之详悉。杂志小作等可否寄上？当俟示而行奉赠。

敬颂

颐安

弟规启

上海极司非而路四十

张菊生先生

〔27/6/22　复片。〕

〔27/7/12　又复一片，谢寄《书志学》。〕

敬啓者　曩奉

手教並祈領

迭書一部敬謝

無情滬上情形未之詳悉

雜誌似作案下否尊之、當換、

示及り力頃、敬頌

台安

十六晚

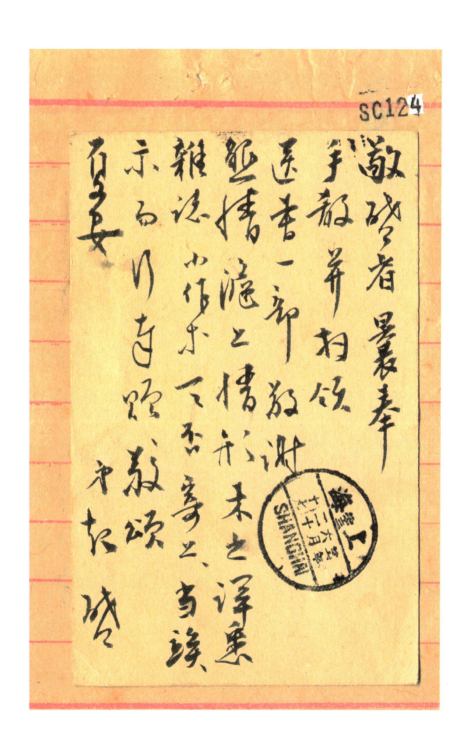

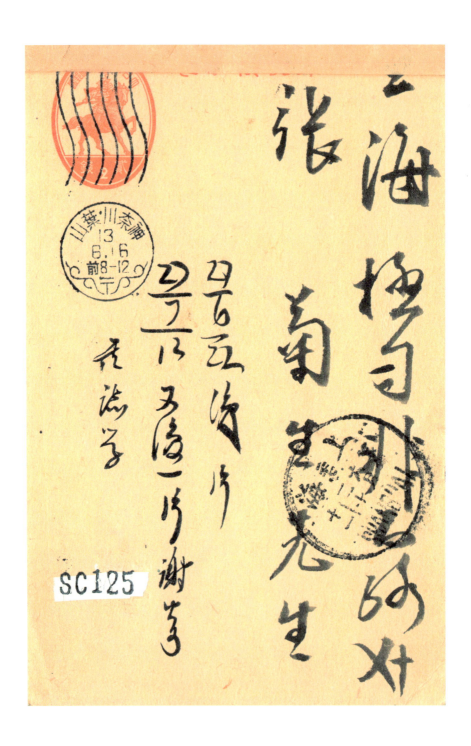

6. 诸桥辙次[*]

（1）张元济致诸桥辙次函底（1935年3月8日）[①]

诸桥先生大鉴：

久疏笺敬，恒切翘思，春气始和，伏维起居休旻为颂。弟日事丹黄，藉以娱老，前托长泽规矩也先生代商拟借静嘉堂珍藏残宋刊《周益公集》及元刊《东京梦华录》两书影印，昨得长泽先生函，知承鼎诺，欣喜过望，即覆函请其转邀技师趋前摄影。抑尚有请者，敝馆藏有元刊《济生拔萃》，与静嘉堂藏本相同，惟缺去《针经节要》《洁古云岐针法》《洁古家珍》《保婴集》四种，在敝国公私藏家均无可借补，不得已再为无厌之请，如蒙慨允，同时付影，则拜贶弥厚，感荷无既。专此肃恳布谢。敬颂

台祺

二十四年三月八日

---

  * 诸桥辙次（1883—1982），日本语言学家、汉学家，号止轩。1908年东京高等师范学校国语汉文科毕业，1910年汉文研究科毕业。曾于群马师范学校、东京高等师范学校执教。1919年至1921年赴中国留学。1929年以《儒学的发展与宋儒的活动》获文学博士学位。1930年任东京文理科大学教授兼附属图书馆馆长。1935年任静嘉堂文库长。1944年因编纂《大汉和辞典》获朝日文化奖，被誉为"中国哲学思想的全领域专家"。曾任大东文化学院教授，国学院教授、东京帝国大学讲师、青山学院大学教授。编著有《儒教诸问题》、《大汉和辞典》、《新汉和辞典》、《诸桥辙次著作集》。诸桥辙次早年在中国留学时曾在上海拜访张元济，两人"晤谈甚欢"。1928年张元济访日与"旧朋握手喜相见"。

  ① 此件系张元济致长泽规矩也函稿（1935年3月7日）之附件。

SC060

菊生先生大鑒久疏鍼教恆切起思春氣始和伏維

起居休暢爾頃弟日本丹黄鼎以娛老前託吳潭規短也先生代商通借

靜嘉堂珍藏藏宋刊周益公集及元刊東京夢華錄兩書影印昨得長潭

先生函知承

霜論欣喜遍告即覆函請其轉邀攝影即趙前攝影抑尚有請者欲館藏有

元刊濟生拔萃與靜嘉堂藏本相同惟缺去 鍼樞節要濾古雲 收鍼 法潔

古家珍保婁集四種在歇國公私藏家均無可借翰不得已再為無厭之

請如蒙

384

慌允同時付影則律

既弱厚懷費能院事处廟聽布訂枇頒

合藏

二十四年三月八日

(2) 张元济致诸桥辙次函底 (1935 年 9 月 19 日)①

　　录廿四年九月十九日菊翁致诸桥先生函

诸桥先生大鉴：

　　笺讯久疏，恒以为念。日前归自牯岭，接奉长泽规矩也先生八月一日惠函，述悉弟三月七日所上一缄早蒙察入，并承慨借静嘉堂珍藏《周益公集》《东京梦华录》两书，均已摄照寄沪，感非言喻。惟另恳补照《济生拔萃》内所缺《针经节要》《洁古云岐针法》《洁古家珍》《保婴集》四种，在敝邦公私藏家已难物色，素仰嘉惠同文之盛意，不得已再以奉渎，仍乞俯允借予摄照，俾敝邦久亡之帙得以流传，皆先生之所赐与者也。临颖瞻企，无任钦迟。专此奉恳，敬颂

台祺

---

　　① 此件系张元济致长泽规矩也函稿（1935 年 9 月 19 日）之附件。

錄丗年九月十九日菊翁致諸橋先生圅

諸橋先生大鑒疊訊久疎恆以為念日前歸自箱嶺

接手長澤規矩也先生八月一日惠函述悉第三月

七日所上一箴早蒙答入並承慨借靜嘉堂珍

藏周益公集東京夢華錄兩書均已攝照寄滬

感非言喻惟号懇補照萃出所缺鐵經

尚要潔古雲岐鐵法潔古家珍保嬰集四種在

敝邦公私藏家已難物色素仰嘉惠同文之盛

意不得已再以事瀆仍乞俯允借予攝照俾敝

邦久此之愜得以流傳皆先生之所賜与者也臨穎

瞻念無任欽遲专此奉複 敬頌 著祺

敬事用箋

（3）张元济致诸桥辙次函底（1935 年 10 月 31 日）①

诸桥先生大鉴：

秋风送爽，伏维起居清吉为颂。昨奉十月十九日手书，展诵祗悉。《济生拔萃》中之《针经节要》《洁古云岐针法》《洁古家珍》《保婴集》四种为敝邦久佚之书，恳祈俯允摄照，俾便印行，以饷学界。今承鼎诺，见饷一鸥，并属即致函长泽先生商量照相之事，具征发扬古籍、垂顾同文之盛意，至为感荷。长泽先生处已专函请其即日转约技师诣前从事。屡相惊扰，无任悚惶。特此肃谢，敬颂

台祺

二十四年十月三十一日

---

① 此件系张元济致长泽规矩也函稿（1935 年 10 月 31 日）之附件。

蕘橘先生大鑒秋風送爽伏維

起居清吉為頌昨奉十月十九日

手書展誦祇悉濟生拔萃中之鍼經節妥汲古雲歧鍼法汲古家珍

保嬰集四種為敝邦久佚之書懇祈

俯允攝照俾便印行以餉學界今承

鼎諾見餉一鴟並屬卽致函長澤先生商量照相之事具徵

發揚古籍

垂讓同文之盛意至為感荷長澤先生處已專函請其卽日轉紹技

師詣前從事屢相驚擾無任悚惶特此肅謝敬頌

台祺

二十四年十月三十一日

（4）张元济致诸桥辙次函底（1936 年 2 月 18 日）

诸桥先生大鉴：

上年十月廿九日布奉寸缄，托长泽规矩也先生转呈，谅蒙察及。春日载阳，伏维兴居增祜，定如所颂。前承惠借珍本与中华学艺社影印，嘉惠同文，至深铭感。先后由同社委交敝馆出版，近日出版有《武经七书》《名公书判清明集》二种，为贵文库所藏善本，又图书寮所藏《太平御览》宋刊本中有残阙，并蒙慨借补配，另有《搜神秘览》《乐善录》，亦假自贵邦藏弄之家。兹均印竣，谨各检呈一部，敬祈莞纳为荷。专肃，敬颂

勋祺

二十五年二月十八日

諸橋先生大鑒上年十月廿九日布奉寸箴託長澤規矩也先生轉

呈諒蒙

察及春日載陽伏維

興居增祜定如所頌前承

惠借珍本與中華學藝社影印

嘉惠同文至深銘感先後由同社委交敝館出版近日出版有武經

七書名公書判清明集二種爲

貴文庫所藏善本又圖書寮所藏太平御覽宋刊本中有殘闕並蒙

慨借補配另有搜神祕覽樂善錄亦假自

貴邦藏弆之家茲均印竣謹各檢呈一部敬祈

SC064

勛納爲荷專肅敬頌

勛祺

二十五年二月十八日

（5）张元济致诸桥辙次函底（1936 年 8 月 7 日）

诸桥先生大鉴：

　　二月十八日曾上寸缄，附呈《乐善录》《武经七书》《名公书判清明集》《太平御览》《搜神秘览》各一部，想蒙察入。比维暑候佳胜，慰如所颂。兹又印成先人遗著《中庸说》《孟子传》两书，特各检一部托长泽先生转致，即希鉴纳。《中庸说》为贵邦京都东福寺所藏，敝国久已无传，今蒙借印，甚可感也。专此奉布，敬颂

台祺

二十五年八月七日

SC066

o 66

諸橋先生大鑒二月十八日曾上寸縅附呈樂善錄武經七書名公

書判清明集太平御覽搜神祕覽各一部想蒙

察入比維

暑候佳勝慰如所頌茲又印成先人遺著中庸說孟子傳兩書特各

檢一部託長澤先生轉致卽希

鑒納中庸說爲

貴邦京都東福寺所藏斂國久已無傳今蒙借印其可感也專此奉

布敬頌

台祺

二十五年八月七日

（6）诸桥辙次致张元济函（1936 年 9 月 4 日）

张菊生先生惠鉴：

　　时正盛暑，伏惟康安。曾蒙惠寄《乐善录》《武经七书》《清明集》《太平御览》《搜神秘览》，今复辱尊先大人遗著《中庸说》《孟子传》两书之赠，盛意眷眷，感佩何堪，谨此道谢。弊〔敝〕库亦有《静嘉堂秘笈》及《静嘉堂丛书》付印之企，秋天印成之后将奉呈，希鉴纳。耑此奉布，敬颂

台安

丙子九月四日

弟诸桥辙次启

張菊生先生惠鑒 時正盛暑者伏惟

康安曾蒙惠賜樂善堂錄武經七書徑

哨案太平御覽撰神秘籙今復辱

尊先大人遺著中庸說孟子傳兩書之贈

盛意甚著感佩何堪謹此道謝紫廉

亦有靜嘉堂知笈又靜嘉堂叢書付印

之企秋天即成之後將奉上希鑒

節荔頌 台安

丙子九月寫 弟諸橋轍次拜

（7）张元济致诸桥辙次函底（1936 年 12 月 23 日）

录廿五年十二月廿三日张菊翁致诸桥辙次君函

前月蒙惠赐景印宋刻《唐百家诗选》全部，因贱躯有采薪之忧，尚未陈谢，比又奉十二月十六日手书，并承续赐静嘉堂丛书之一景宋本《皇朝编年纲目备要》一部两套，拜领之下，开函捧读，印本精美，无异真迹，谨当什袭珍藏，永志嘉惠。同时又承寄赠东方图书馆同书一部，亦已转交，同深感谢。星回岁转，倏又一年，伏维履端集庆，无任颂祷之至。

SC065

字第　　　號　　　　第　　　頁

錄廿五年十二月廿三日張菊翁致諸橋轍次君函

前月蒙惠賜景印宋刻唐百家詩選全部因賤軀有采薪之憂尚

未陳謝比又奉十二月十六日手書並承續賜靜嘉堂叢書之一

景宋本皇朝編年綱目備要一部兩套拜領之下開函捧讀印本

精美無異真蹟謹當什襲珍藏永誌嘉惠同時又承寄贈東方圖

書館同書一部亦已轉交同深感謝星迴歲轉倏又一年伏維履

端集慶無任頌禱之至

商務印書館啟事用牋

(8) 诸桥辙次致张元济函 (1937 年 1 月 1 日)

恭贺新禧!

丁丑元旦

弟诸桥辙次

张菊生先生史席:

久疏音问，深以为慊。寒风慓烈，不知康安。曩日奉寄静嘉堂所印《唐百家诗选》并《皇朝编年备要》，惟既入手，兹有恳请，拙诗一首［加评语寄还，留底。］仅以述怀，若蒙先生加朱，瓦砾变成玉，弟之喜何物如之。至嘱至嘱。耑兹，颂

台安

［26/1/14 复。］

399

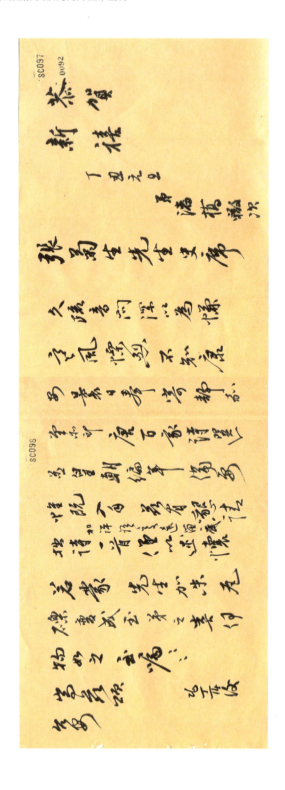

附件：诸桥辙次诗稿：《春日侍经筵归而归此》

春日侍经筵归而归此

长郊十里漾烟霞，春日可怜入碧纱。

时哉丹凤啣尺素，色斯翔集微臣家。

微臣急命徒仓皇，颠倒裳衣拜间阊。

献芹欲陈平生志，伏陛恭赋君子章。

忆及垂髫膝下誓，迨今拟尽匪躬节。

退食委迤对慈亲，双影解颐如有说。

霸道由来圣所摈，玄虚不是经纶策。

皇国萧曹不乏人，靖献谁任负荷责。

呜呼！明道之责在我徒，问学思辨岂空图。

过庭之训犹在耳，鞠躬勉尔磬微孚。

驿路尘中几春秋，穷经未脱儒素畴。

光阴倏忽催人老，春雨春风枉绸缪。

回首茫茫天地间，欃枪芒影动星躔。

神州独有神呵护，佳气氤氲蔚玉垣。

皇上圣明讨厥猷，兴能进贤无日休。

日就月将统御力，王道荡荡天悠悠。

雨露所霶及逶遟，雍穆洽熙仰光华。

舜日尧天岁复岁，大夏大濩流韵长。

勿谓城北春犹霜，此日小园梅正芳。

更有惠风入衣袂，馥郁袅娜引御香。

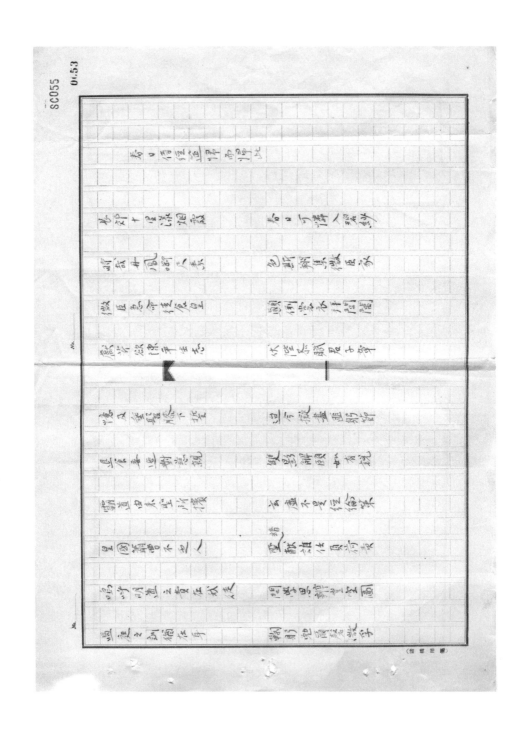

(9) 诸桥辙次复张元济函（1937 年 1 月 8 日）

张菊生先生惠鉴：

　　兹奉十二月廿三日玉书，闻先生不豫，特以为念，不知近状如何，切盼自重。比又自东方图书馆复兴委员会蒙惠赐《参加伦敦中国艺术国际展览会出品图说》一部，盖以为先生盛意之所致，弟不知同会住址，请代弟道谢。该书景印精美，东邦艺术之粹收在一书，尤足玩赏，当长珍藏。元旦以拙诗奉呈，惟已入手，弟因不解作诗，拙卤散漫，恐不成句，请为加朱。春阳来复，万里同风。伏祷
高至清福

一月八日
弟辙次拜

張為先生惠鑒茲奉十一月廿言玉書聞

先生不豫特以為念不知近狀如何朌念之至

此又自東方圖書館博興壽賀會蒙惠

賜參加倫敦中國藝術國際展覽會出京

圖說一部蓋為先生盛意之所致弟不知

閩會住址請代弟道謝讀書日章即精美東

鄆藝鄉之粹收之一書尤足玩賞常長珍弆

元旦以獨詩奉呈惟匆匆手弟固不解作詩杜

閩教溽恐不成句請爲加朱专隔東漢

茅盾同風伏禱

一月廿弟

鄞次扫

高重清福

(10) 张元济批改诸桥辙次诗稿：《春日侍经筵归局赋此》
(1937年1月)

春日侍经筵归局赋此

长郊十里鲜彩霞，春日可怜入碧纱。

时哉丹凤啣尺素，色斯翔集微臣家。

微臣急命徒仓皇，颠倒裳衣慰级行。

献芹欲陈平生志，伏陛恭诵君子章。

［起势春容大雅。］

忆及垂髫膝下誓，迨今拟尽匪躬节。

退食委迤对慈亲，双影解颐如有说。

霸道由来圣所摈，玄虚不是经纶策。

［辞意肫恳，读之令人忠孝之心油然而生。］

皇国萧曹不乏人，圣辇谁任负荷责。

呜呼！我徒之责在明道，问学思辨岂徒劳。

［抱负不凡。］

过庭之训犹在耳，鞠躬勉尔索宵绚。

驿路尘中几春秋，穷经未脱儒素畴。

光阴倏忽催人老，春雨春风费绸缪。

回首茫茫天地间，欃枪芒影动星躔。

神州别有神灵护，佳气氤氲蔚玉垣。

[苍茫沉郁，顿挫有姿。]

皇上圣明讨厥谋，兴能进贤无日休。

旰食宵衣基不拔，王道荡荡天悠悠。

雨露所需及逖遐，雍穆洽熙仰光华。

舜日尧天岁复岁，大夏大濩历长加。

勿谓城北春独浅，此日小园梅正妍。

[末二韵回应首联，章法完密。]

更有惠风入衣袂，馥郁袅娜御香传。

自注：御赐衣裳一领。

[即事抒情转折有致，雅合初唐人应制体裁。]

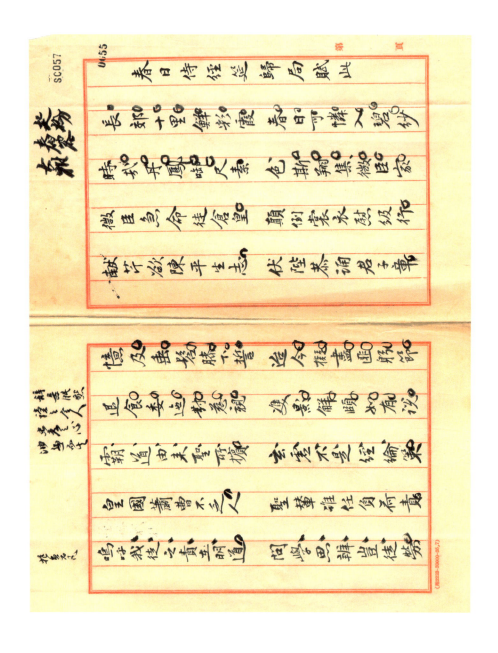

（11）诸桥辙次致张元济函（〔1937 年〕3 月 1 日）

张菊生先生惠鉴：

　　久未裁书，歉仄良深，伏惟道履清安。兹有北平女子师范大学毕业生唐卓群女史，远负笈于东都，遂入我东京文理科大学研究汉文学，学殖深远，文藻丰赡。去年失所怙，悲痛恸哭，不知所措。项日寄书于弟曰，愿译述《儒学之目的与宋儒之活动》（即弟之学位论文），聊以代奠羞，且问策于弟。弟既高其志，又悯其情，但恐该书篇章浩瀚，剞劂太难，因不得不翘望先生一顾。先生前总办商务印书馆，不知为女史介绍否？若得上梓印行，则不独女史追远之情见酬，亦实弟欲求中国识者之高批之意亦达矣，而皆先生之赐也。弟不堪恳愿，至嘱。耑兹，颂

台安

三月一日

弟诸桥辙次

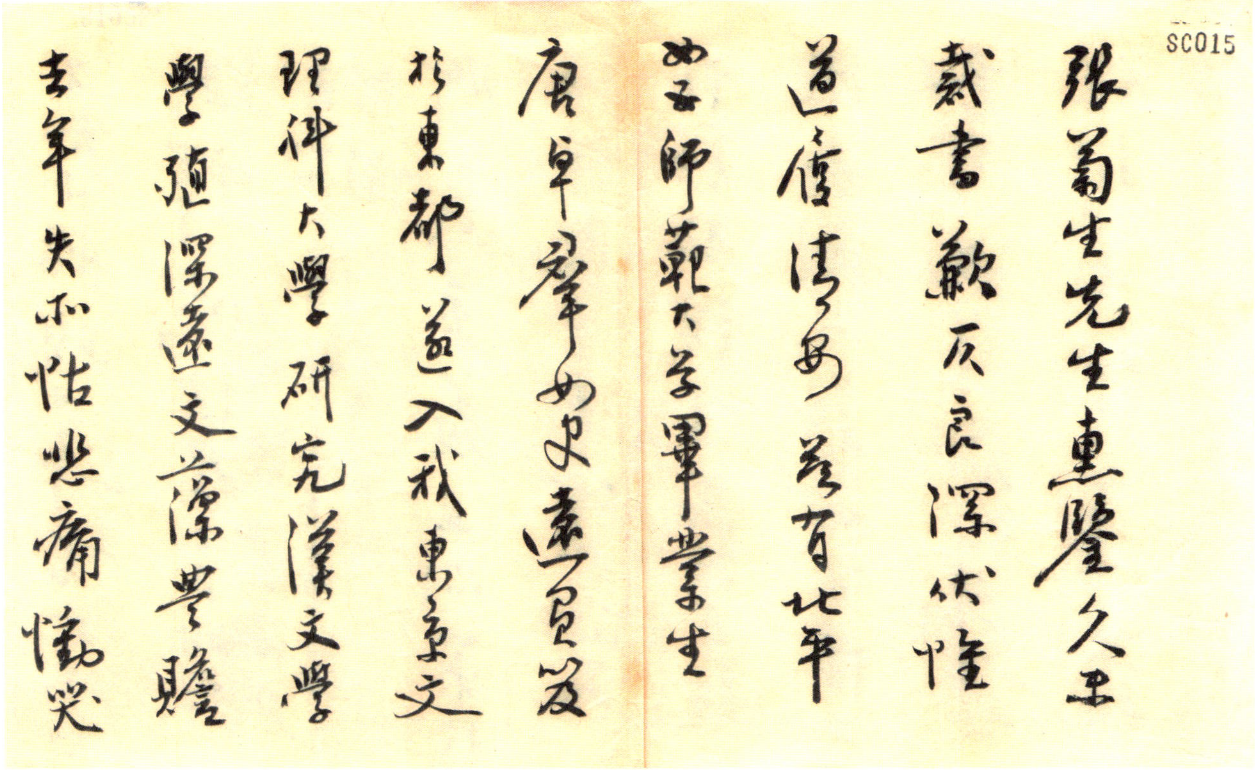

張菊生先生惠鑒：久思裁書，歉仄良深。伏惟道候清安。茲有北平女子師範大學畢業生唐卓羣女史遠道負笈於東都，蓋入我東京文理科大學研究漢文學，學殖深邃，文藻豐贍。去年失怙，悲痛慟哭

為女史介紹否？若得上梓
即行寄，不獨女史追遠
之情已酬，亦實弟欲求
中國識者之高批之意
亦達矣，而皆先生之賜
也。弟不堪翹顒至禱
耑此頌
台安

三月一日

弟諸橋轍次

（12）张元济致诸桥辙次函底（1937 年 3 月 24 日）

诸桥先生大鉴：

　　前奉惠书，并示大作，佩诵之余，即经肃复，谅邀台察。近接长泽先生函告，藉知贵文库又征集大宗贵邦文字书籍，珍藏宏富，尤深钦仰。前蒙惠假残宋刊《新唐书》，因校订需时，昨甫出版，兹由邮便寄上一部，敬乞莞存。另附两部，并祈代呈岩崎爵座，兼致谢悃为荷。专此，祗颂

春祺

二十六年三月二十四日

龆橋先生大鑒前奉

惠書並

示大作佩籠之餘即經塵復諒邀

台藀近接長澤先生函告藉知

貴文庫又徵集大宗

貴邦文字書籍珍藏宏富尤深欽仰前蒙

惠假殘宋刊新唐書因校訂需時昨甫出版茲由郵便寄上一部敬

乞莞存另附兩部並祈

代呈 岩崎爵座兼致謝悃爲荷專此祇頌

春祺

二十六年三月二十四日

7. 小川环树 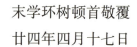*

小川环树复张元济函（1935 年 4 月 17 日）

菊生先生有道：

前蒙驾临，得聆雅教，所益匪尠。今见惠书两种，琼玖之赐，曷胜感佩。环定于明晨乘舟归去，未能趋谒申谢，怅惘之至也。谨此奉谢，即颂

台祺不尽

末学环树顿首敬覆

廿四年四月十七日

［送与《横浦文集》及《衲史跋文》①。］

　＊　小川环树（1910—1994），日本中国语言文学家。毕业于京都大学中国文学科，文学博士。任京都产业大学外国语学部教授，专攻中国语言学与中国文学史。

　①　《百衲本二十四史跋文样张》。

菊畦先生有道前蒙

駕臨得聆雅教而吞匣彰眇今見

惠書兩種瓊玖之賜為勝感佩環定於明

從趨謁申謝悵惘之至也謹此奉謝即頌

台祺不盡　末學環樹頓首敬覆

　　　二月十六日

送上撰述文集及袖珍錄文

晨東舟歸去來

8．樽井清作

(1) 照相师樽井清作致张元济请求书（1935年5月31日）①

请求书

一金四百四十六圆八十钱也，单价金四十钱。

但《周易文忠公集》八折：板一千百十七枚代金。

第一册：卅二枚，第二册：廿六枚，第三册：卅九枚，第四册：四十枚，第五册：四三枚，第六册：廿七枚，第七册：卅七枚，第八册：四三枚，第九册：四十枚，第十册：四二枚，第十一：四十枚，第十二：四一枚，第十三：四四枚，第十四：四九枚，第十五：三十六枚，第十六：卅一枚，第十七：卅八枚，第十八：四三枚，第十九：四三枚，第二十：卅七枚，第廿一：四十四枚，第廿二：三十枚，第廿三：二十五枚，第廿四：四十五枚；第廿五：四十三枚，第廿六：三十六枚，第廿七：二十六枚，第廿八：五十三枚，第廿九：三十六枚，合计壹千百拾柒枚也。

右请求申上候也。

昭和十年五月三十一日

日本东京市浅草区柳桥
相照师樽井清作

上海河南路
东方图书馆代表
张元济先生

　　［原书送会计科存查。］

---

① 此件系长泽规矩也致张元济函（1935年6月4日收，原件缺）的附件。

原書送會計科存查

第　頁

請求書

一金四百四十六圓八十錢也　　單價金四十錢

但　周易文忠公集八　折　板一千百十七枚代金

第一册　卅二枚　第十一　四十枚　第廿一　四十四枚

第二册　廿六枚　第十二　四十一枚　第廿二　三十枚

第三册　卅九枚　第十三　四四枚　第廿三　二十五枚

第四册　四十枚　第十四　四九枚　第廿四　四十五枚

第五册　四三枚　第十五　四四枚　第廿五　四十三枚

第六册　廿七枚　第十六　卅一枚　第廿六　三十六枚

第七册　卅七枚　第十七　卅八枚　第廿七　二十六枚

張元濟先生

東方圖書館代表

上海河南路　　相照師　榑井清作

昭和十年五月三十一日　日本東京市淺草區柳橋

右請求申上候也

第十册　四二枚　第二十　卅七枚　合計壹千百拾柒枚也

第九册　四十枚　第十九　四三枚　第廿九　三十六枚

第八册　四三枚　第十八　四三枚　第廿八　五十三枚

用（951-30000-22,9）

420

（2）照相师榑井清作发来的《周益文忠公集》照片清单（1935 年 6 月 4 日收）①

　　　　　　　　日本照来《周益文忠公集》照片

　　共计一一一二枚（来单有一一一七枚，点查后内缺少五枚），分放二十九包。

　　第十三、十六包：高 4 又 12/16 英寸至 4 又 14/16 英寸，宽 3 又 10/16 英寸，计七十五枚，6.7%。

　　第五、九包：高 4 又 14/16 英寸至 5 又 1/16 英寸，宽 3 又 12/16 英寸，计八十三枚，7.5%。

　　其余：高 5 又 1/16 英寸至 5 又 5/16 英寸，宽 3 又 14/16 英寸，计九百五十四枚，85.8%。

---

①　此件系长泽规矩也致张元济函（1935 年 6 月 4 日收，原件缺）的附件。

421

SC028

U 88

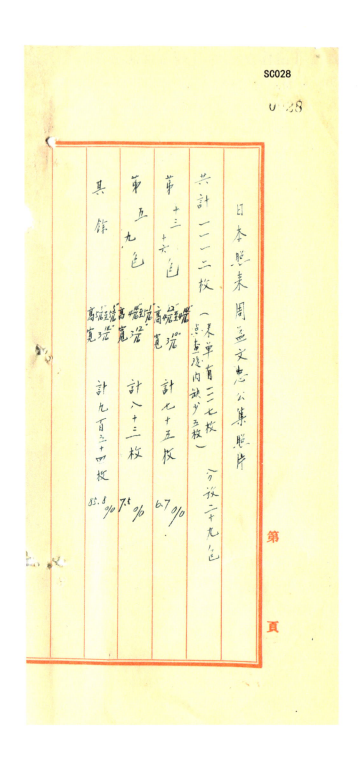

日本照来周益文忠公集照片

共計二一二枚（來單有三七枚、点查后内缺少五枚）分裝二十九盒

第十三尺色　高宽"弛"　計七十五枚　6.7 %

第五尺色　高宽"弛"　計八十三枚　7.5 %

其餘　高宽"弛"　計九百三十四枚　85.8 %

第

頁

(3) 照相师榑井清作致张元济请求书（1935 年 6 月 7 日）[①]

请求书

一、金壹百五拾八圆八拾钱也，单价金四拾钱。

但《周易文忠公集》八折：叁百九十七枚代。

第卅册：四十五枚

第卅一册：三十枚

第卅二册：四三枚

第卅三册：三十七枚

第卅四册：五十四枚

第卅五册：五十枚

第卅六册：三十枚

第卅七册：廿一枚

第卅八册：卅二枚

第卋九册：四十枚

第四十册：十五枚

终

合计叁百玖拾柒枚也。

一、金贰拾叁圆贰拾钱也。

但《东京梦华录》八折：五十八枚代，上册：二十九枚，下册：二十九枚。

合计金壹百八拾贰圆也。

右金额请求申上候也。

423

昭和十年六月七日

日本东京市浅草区柳桥

相照师槫井清作

上海河南路

东方图书馆代表

张元济先生

請求書

一、金　壹百五拾八圓八拾錢也　單價金四拾錢

但　周易文忠公集八折　叄百九十七枚代

第卅冊　四十五枚

第卅一冊　三十枚

第卅二冊　四三枚

第卅三冊　三十七枚

第卅四冊　五十四枚

第卅五冊　五十枚

第卅六冊　三十枚

第卅七冊　廿一枚

第卅八冊　卅二枚

第卅九冊　四十枚

第四十冊　十五枚　終

合計叄百玖拾柒枚也

一、金貳拾叄圓貳拾錢也

但　東京夢華錄八折　　五十八枚代

上册　二十九枚　下册　二十九枚

合計金壹百八拾貳圓也

右金額請求申上候也

昭和十年六月七日　　日本東京市淺草區柳橋

相照師　榑井清作

上海河南路

東方圖書館

代表張元濟先生

用(981-30000-22,9)

(4) 张元济致樗井清作函底 (1935 年 6 月 11 日)①

樗井先生台鉴:

本月四日接尊处摄照《周益文忠公集》相片第一批请求书一份,祇悉。昨又由邮局交到《周集》相片四盒,当即详细点收,共计壹千壹百拾贰枚。查请求书内原开一千一百十七枚,想系笔误。至照费按合同规定应续寄,该相片价款之半数计日金贰百贰拾贰元肆角,已请长泽先生转交。又查合同第一条第二项规定八切者有字之处最低不得过五英寸八分之一,此次寄来相片内有一百五十八叶均不足五英寸八分之一,其最低者仅有四英寸八分之六,未能合用。原拟请尊处重照,诚恐向静嘉堂书库重复借书,不免烦渎,而尊处亦受损过巨,拟由敝处自行改照。所有此次长度不合之一百五十八叶,其照费拟减付每叶贰拾钱,藉以略补敝处改照之损失。

至于未照竣之《周集》及其他各书,均请改照长度伍英寸捌分之叁。其阔度半页仍不得过肆英寸捌分之叁(倘遇原书版框较阔,依照上述长度照出后而其阔度超过四英寸八分之三者,则应以阔度肆英寸捌分之叁为准,长度不妨稍短)。因原合同所订长度伍英寸捌分之壹仍觉略低,务请注意照办。余请长泽先生转达。即颂
大安

二十四年六月十一日

---

① 此件系张元济致长泽规矩也函(1935 年 6 月 11 日)的附件。

SC055

0 55

樽井先生台鑒 本月四日接

尊處攝照周益文忠公集相片第一批請求書一份祇悉昨又由郵

局交到周集相片四盒當即詳細點收共計壹千壹百拾貳枚查請

求書內原開一千一百十七枚想係筆誤至照費按合同規定應續

寄該相片價款之牛數計日金貳百貳拾貳元肆角已請長澤先生

轉交又查合同第一條第二項規定凡切者有字之處最低不得過

五英寸八分之一此次寄來相片內有一百五十八葉均不足五英

寸八分之一其最低者僅有四英寸八分之六未能合用原擬請

尊處重照誠恐向靜嘉堂書庫重複借書不免煩瀆而

尊處亦受損過巨擬由敝處自行改照所有此次長度不合之一百

五十八集其照費擬減付每集貳拾餘鎊以略補敝處改照之損失

至於未照竣之周集及其他各書均請

改照長度伍英寸捌分之叁其闊度半頁仍不得過肆英寸捌分之

叁（前過原書版框較闊依照上述長度照出後面其闊度超過四

英寸八分之三者則應以闊度肆英寸捌分之叁為準長度不妨稍

短）因原合同所訂長度伍英寸捌分之壹仍覺略低務請

注意照辦餘請長澤先生轉達即頌

大安

二十四年六月十一日

9. 京都帝国大学文学部

（1）张元济致京都帝国大学文学部函底（1936年1月20日）

录廿五年元月二十日张菊翁致京都帝国大学文学部函

前蒙颁赠贵部景印《讲周易疏论家义记》《经典释文》《汉书·杨雄传》旧写本残卷三种，一昨又承续赐景印写本《文选集注》两函，叠蒙嘉贶，不胜感谢。人间秘籍久叹沈薶，今得贵邦景印流通，实为艺林盛事，曷胜欣羡。兹谨呈景印先始祖《横浦先生文集》，又先六世叔祖所辑《词林纪事》各一部，聊为酬答，伏乞莞存。

0126

錄廿五年元月二十日張菊翁致京都帝國大學文學部函

前蒙頒贈貴部景印講周易疏論家義記經典釋文漢書楊雄傳

舊寫本殘卷三種一昨又承續賜景印寫本文選集注兩函疊蒙

嘉貺不勝感謝人間祕籍久歎沈薶今得貴邦景印流通實爲藝

林盛事曷勝欣羨茲謹呈景印先始祖橫浦先生文集又先六世

叔祖所輯詞林紀事各一部聊爲酬答伏乞莞存

431

（2）张元济致京都帝国大学文学部函底（1936 年 7 月 15 日）

录廿五年七月十五日张菊翁致京都帝国大学文学部函

顷由邮局递到贵部景印古写本《文选集注》第五、六集合共两函，远承嘉贶，谨当什袭珍藏，永志厚意。专肃布谢，伏维垂鉴。

錄廿五年七月十五日張菊翁致京都帝國大學文學部函

頃由郵局遞到貴部景印古寫本文選集注第五六集合共

兩函遠承嘉貺謹當什襲珍藏永誌厚意專肅布謝伏維垂

鑒

商務印書館啟事用牋

（3）张元济致京都帝国大学文学部函底（1936 年 7 月 18 日）

京都帝国大学文学部：

再启者，上海商务印书馆景印明《永乐大典水经注》一部，此书中经散佚而首尾完具，良非偶然。敬乞玄评，藉答雅谊，伏祈哂存是幸。再颂

学祉

张元济

二十五年七月十八日

朱部亲國文学部

再啓者上海商務印書館景印明永樂大典水經注一部此書中經

散佚而首尾完具良非偶然敬乞

玄評藉答

雅誼伏祈

哂存是幸再頌

學祉

二十五年七月十八日

10．宇野哲人*

（1）张元济致宇野哲人函底（1935 年 3 月 27 日）①

　　录廿四年三月廿七日致宇野博士函（此信附入长泽函内寄去）
宇野先生大鉴：

　　远违霁采，笺敬久疏，驰念之怀与时俱积，比维道履安吉，定洽
颂忱。兹启者，敝馆近由长泽规矩也先生介绍槚井照相师在贵邦摄照
借印古书数种，订有合同，并代恳先生作证，已蒙惠允，至为感幸。
今将合同托长泽先生送请盖章签字。琐事上渎，无任铭感。专肃布
谢，敬颂

台祺

錄廿五年三月苦宇敦致宇野博士函　此信附入長澤函內寄去

宇野先生大鑒遠違芝宇采幾致久疏馳念之悵与時

俱積比維道履安吉鴻棋忱芳習者姉綾近由長澤

規想也筹介紹樽井與相師立貴邦振興儲印古書數種訂

有念同五代鈔本先生作證蒙惠允玉成盛事今將會同記

長澤先生遠諉蓋草率忿字瑣事上瀆台座任媿感之至肅

布谢致頌

台祺

（2）张元济致宇野哲人函底（1936 年 2 月 10 日）

宇野先生大鉴：

久疏笺敬，恒切驰思。辰维履候绥吉，定如远颂。兹敬启者，前承贵邦诸友好代借珍本书籍，由中华学艺社委托敝馆影印，仰蒙盛意鼎力玉成，实深感幸。今印成出版者，计有《名公书判清明集》《乐善录》《武经七书》《搜神秘览》《太平御览》，兹各检呈一部，又前岁印成《群经音辨》《饮膳正要》《东莱先生诗集》《平斋文集》《梅亭先生四六标准》《山谷外集诗注》六种，曾托中华学艺社赠呈，近始闻知并未递到，并各补呈一部。区区微意，伏乞鉴存为荷。专此布达，敬颂

台祺

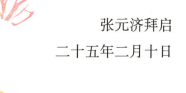

张元济拜启

二十五年二月十日

宇野先生大鑒久疏箋敬恆切馳思辰維

履候綏吉定如遠頌茲敬啓者前承

貴邦諸友好代借珍本書籍由中華學藝社委託敝館影印仰蒙

盛意鼎力玉成實深感幸今印成出版者計有名公書判清明集樂

善錄武經七書搜神祕覽太平御覽茲各檢呈一部又前歲印成翚

經音辨飲膳正要東萊先生詩集平齋文集梅亭先生四六標準山

谷外集詩註六種曾託中華學藝社贈呈近始聞知並未遞到並各

補呈一部區區微意伏乞

鑒存爲荷專此布達敬頌

台祺

張元濟拜啓 二十五年二月十日

（3）张元济致宇野哲人函底（1936年2月18日）

宇野先生大鉴：

久疏笺敬，恒切驰思。辰维履候绥吉，定如远颂。兹敬启者，前承贵邦诸友好代借珍本书籍，由中华学艺社委托敝馆影印，仰蒙盛意鼎力玉成，实深感幸。今印成出版者，计有《名公书判清明集》《乐善录》《武经七书》《搜神秘览》《太平御览》，兹各检呈一部。区区微意，伏乞鉴存为荷。专此布达，敬颂

台祺

二十五年二月十八日

宇野先生大鑒久疏箋敬恆切馳思辰維

履候綏吉定如遠頌茲敬啓者前承

貴邦諸友好代借珍本書籍由中華學藝社委託影印仰蒙

盛意鼎力玉成實深感幸今印成出版者計有名公書判清明集樂

善錄武經七書搜神祕覽太平御覽茲各檢呈一部區區微意伏乞

鑒存爲荷專此布達敬頌

台祺

二十五年二月十八日

（4）张元济致宇野哲人函稿（1936 年 8 月 7 日）

宇野先生大鉴：

　　敬启者，前奉覆音，藉悉所呈《名公书判清明集》《乐善录》《武经七书》《搜神秘览》《太平御览》等书已蒙鉴察。暑阑入秋，伏审兴居清吉为颂。兹续呈上新印先人遗著《中庸说》《孟子传》各一部，仍托长泽规矩也先生转达尊斋，即希鉴纳，并祈时惠教言，无任企盼。专此布奉，敬颂

台祺

二十五年八月七日

宇野先生大鑒二月十八日曾上一緘附呈名公書判清明集樂善

錄武經七書搜神祕覽太平御覽等書各一部計蒙

鑒察暑闌入秋伏審

興居清吉爲頌茲續呈上新印先人遺著中庸說孟子傳各一部託

長澤規矩也先生轉達

尊齋卽希

鑒納並祈

時惠教言無任企盼專此布奉敬頌

台祺

二十五年八月七日

（5）张元济致宇野哲人函底（1937 年 3 月 24 日）

宇野先生大鉴：

　　前托魏应麒①君代呈一缄，并另寄黄善夫本《史记》一部，旋接魏君函，告知邀察纳。魏君获隶程门，仰承推爱，尤深铭感。前在静嘉堂文库借影残宋刊《新唐书》，诸纫雅谊，其书昨甫出版，谨呈一帙，至祈莞纳，并希时惠教言，至所企盼。专此奉布，祗颂

台安

二十六年三月二十四日

---

　　① 魏应麒，字瑞甫，福建福州人。福建省立师范学校毕业后，入中山大学历史研究所，任顾颉刚的抄写员。1935 年任中山大学历史系讲师，编写《林文忠公年谱》，后又写出《中国史学史》，均由商务印书馆出版。

宇野先生大鑒前託魏應麒君代呈一凾並另寄黄善夫本史記壹

部旋接魏君凾告知邀

蔡納魏君獲録

程門仰承

推愛尤深銘感前在靜嘉堂文庫借影殘宋刊新唐書諸紉

雅誼其書昨甫出版謹呈一帙至祈

莞納並希

時惠教言至所企盼專此奉布祗頌

台安

二十六年三月二十四日

445

11. 岩井大慧[*]

（1）张元济致岩井大慧函底（1936年2月11日）

岩井先生大鉴：

远隔芝宇，引企为劳，比维兴居增祉，定符忭颂。中华学艺社前恳贵文库慨借宋刊《乐善录》，委交商务印书馆出版，顷已印成，谨特检呈一部妥邮寄奉，藉答雅谊，至祈鉴纳为荷。专此，敬颂

台祺

二十五年二月十一日

---

　　*　岩井大慧（1891—1971），文学博士，东洋文库前文库长，驹泽大学名誉教授，中国古代史及西藏文化专家。主要藏学著作有：《西藏、印度的文化》。1918年东京大国大学毕业，同年任该校助教。1922年任莫里逊文库（东洋文库前身）的嘱托，协助石田幹之助创办东洋文库。1948年东洋文库成为日本国会图书馆支部，任文库长，兼任国会图书馆参事。1950年兼任驹泽大学教授，1952—1956年任驹泽大学文学部部长，长期兼任东洋大学讲师，从事"蒙古民族与喇嘛教关系"的研究和教学。1961年退休，获驹泽大学名誉教授。1971年11月7日去世。

SC088

ひ 88

岩井先生大鑒遠隔

芝宇引企爲勞比維

興居增豐定符忭頌中華學藝社前懇

貴文庫慨借宋刊樂善錄委交商務印書館出版頃已印成謹特檢

呈一部妥郵寄奉藉答

雅誼至祈

鑒納爲荷專此敬頌

台祺

二十五年二月十一日

447

（2）岩井大慧致张元济函（1936年3月5日）

觉生先生道席：

自接齐光，每深驰慕，欣兼云朵，仰审清祥，无任额庆。春寒尚峭，诸维珍卫是祷。拜锡精印《乐善录》，展观且胜视原本。近者东洋文库所有方志已编成目录，不日印竣，再敬呈左右。编目时甚多得益于尊藏目录（《涵芬楼直省志目》），即蒐集之初，亦叨尊目为指针也。现先检奉近刊英文当《文库纪要》第七卷一册，凡收二篇，而以拙稿当其一，敬乞审正。再，前请曾叔度〔向在北平。〕彝进先生代订《百衲本二十四史》，迳寄东洋文库大慧收。其第一、二两期已经收到，而三、四两期竟未接得，不审何故。近闻曾先生他去，无从请问，敢渎左右转令一查，至深感荷。不胜引延，尚祈亮察。专此，敬候

道安不一

海外晚学岩井大慧敬启

〔请心白兄代为查明，如未寄即寄，并代拟覆信。〕

〔25/3/13复。〕

《百衲本廿四史》

《汉书》《后汉书》《陈书》《梁书》《三国志》《宋书》《南齐书》《辽史》《金史》《五代史记》《魏书》《晋书》《周书》《北齐书》，以上十四史收到了。尔余一分全部，未收未著。

覺生先生道席　自接
齋先每渠馳慕欣慕
靈朵仰審
清祥忝任穎慶春寒尚峭諸維
珍衛是禱拜錫
文庫所有方志已編成目錄不日即後再
精印樂善錄辰觀且勝視京本近者東洋
呈
敬
左右編目時甚多得益於
尊藏目錄（涵芬樓直省志目）即蒐集之
初亦叨
尊目為指針也現先檢奉近刊英文當文

心白先代为
查应办事
立复仍可

库纪要第七卷一册凡收二篇而以拙稿
当其一敬乞
审正再前请曾叔度拜进
先生代订百衲本二十四史迳寄东洋文库大慧收其
第一二两期已经收到而三四两期竟未
接得不审竹故近阁曾先生他去无从
请问散渍左右转令一查至深感荷不胜引处尚祈
亮察专此敬候
道安不一

海外晚学
岩井大慧敬启

而納本廿四史

漢書、後漢書、陳書、梁書、三國志

宋書、南齊書、遼史、金史、五代史記

魏書、晉書、周書、北齊書、

以上十四史收到了

尚餘天命所卸　未收未著

451

(3) 张元济复岩井大慧函底（1936 年 3 月 13 日）

岩井先生大鉴：

奉三月五日手教，知所呈影印《乐善录》已登邺架，辱承垂谢，弥觉汗颜。惠赐《文库纪要》第七卷一册业由邮局递到，大著纯用欧文，愧未能读，当与识者共赏之，谨谢盛意。

前蒙惠定《百衲本廿四史》一部，附示清单，当向敝馆询明，知尊处所收十四种实因灾后展缓，分为四期出版，去岁续出第五期，为《隋书》《南北史》《元史》，因曾氏系在北平分馆定购，展转寻查，致多延滞。今承下问，已属即日封寄，至祈检察。尚余《史记》《新旧唐书》《旧五代史》《宋史》《明史》四种，今岁当可蒇事也。《涵芬楼直省志目》殊为疏略，乃承齿及，甚以为愧，今全部尽化劫灰矣！贵文库所编全目定为大观，曷胜企仰。手覆布谢，敬颂

台祺

二十五年三月十三日

岩井先生大鑒奉三月五日

手教知所呈影印樂善錄已登

鄴架辱承

垂謝彌覺汗顔

惠賜文庫紀要第七卷一册業由郵局遞到

大著純用歐文愧未能讀當與識者共賞之謹謝

盛意前蒙

惠定百衲本廿四史一部附示清單當向敝館詢明知

尊處所收十四種實因災後展緩分爲四期出版去歲續出第五期

爲隋書南北史元史因貴氏係在北平分館定購展轉尋查致多延

SC087

滯今承

下問已屬即日封寄至祈

檢詧尙餘史記新舊唐書舊五代史宋史明史四種今歲當可藏事

也涵芬樓直省志目殊爲疏略乃承

齒及甚以爲愧今全部盡化刼灰矣

貴文庫所編全目定爲大觀曷勝企仰手覆佈謝敬頌

台祺

二十五年三月十三日

（4）岩井大慧致张元济函（1936 年 4 月 1 日）

觉僧先生道席：

　　和风转暖，谅几杖益以清胜，欣忭无量。接奉三月十三日来书，并《百衲本念四史》（《隋书》《南史》《北史》《元史》，计四种，凡一百三十二册），至深感荷，敬述谢忱。前函奉陈敝文库方志目录顷已出板，别寄呈览，尚乞斥正，无任景企。专此，敬祝

道安

　　　　　　　　　　　　　海外晚学岩井大慧敬启
　　　　　　　　　　　　　　　四月初一日

　　　　　　　　　　　　　［25/4/6 复。］

SC003
0003

覧僧先生道席 和風轉暖諒

几杖益以清勝欣忭無量接奉三月十三日

来書並百衲本念四史（隋書南史北史元史

計四種凡一百三十二册）至深感荷敬述謝忱

前函奉陳 敝文庫 方志目錄頃已出板别寄

呈宗安上治民吴善於禮是故聖王修文設庠序

覽尚乞

介正無任景企專此敬祝

道安

海外晚學

岩井 大慧敬啟

四月初一日

（5）岩井大慧致张元济函（1936 年 7 月 7 日）

觉僧先生道席：

欣荑云朵，仰审清穆，无任庆贺。孟夏将至，诸维珍卫是祷。屡渎清神，至深惶悚感荷。前购之白纸《百衲本念四史》内尚有缺叶一张，列卷第页数于后，敬乞饬予检补寄下，俾成完璧，感祷无既。专此，敬请

箸安

海外晚学岩井大慧敬启

七月初七日

一、《魏书》一百一十一，刑罚志七，第十六，第十五叶。

［丁英桂①先生台鉴：阅过乞并信封发还。日本东京小石川区驾笼町九五。请查补。张元济。25/7/14 复。］

---

① 丁英桂，商务印书馆编译所出版股职员。

覺僧先生道席欣羨

雲朵仰審

清穆無任慶賀孟夏將至諸維

珍衞是禱屢瀆

清神至深惶悚感荷前購之白紙百衲存

念四史内尚有缺葉一張列卷第頁數於

後敬乞飭予檢補寄下俾成完璧感禱

無既專此敬請

菁安

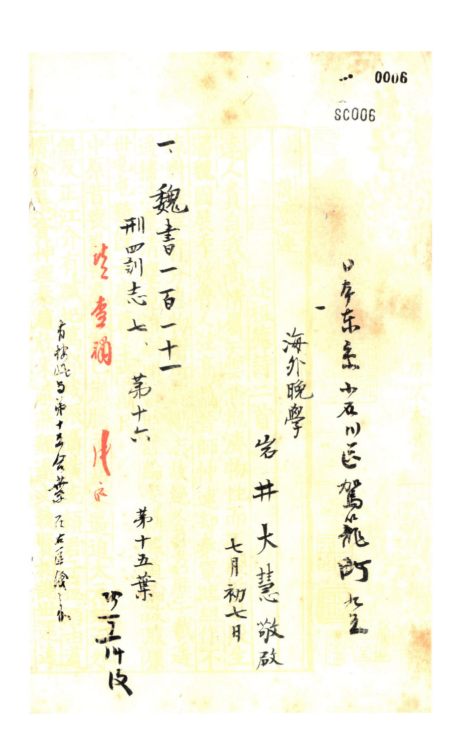

日本東京小石川区駕籠町

一

海外晩学

岩井大慧敬啓

七月初七日

一、魏書一百二十一

刑罰志七、第十六

第十五葉

12. 石田幹之助 *

张元济致石田幹之助函底（1936 年 2 月 11 日）

石田先生大鉴：

　　远隔芝宇，引企为劳，比维兴居增閟，定符忭颂。中华学艺社前恳贵文库慨借宋刊《乐善录》，委交商务印书馆出版，顷已印成，谨特检呈一部，妥邮寄奉，藉答雅谊，至祈鉴纳为荷。专此，敬颂

台祺

　　　　　　　　　　　　　　　　　　　二十五年二月十一日

---

　　*　石田幹之助（1891—1974），日本千叶县人。1916 年东京帝国大学文科大学史学科毕业。1917—1934 年间任东洋文库主任。1929 年起任日本大学教授，兼京都大学、东北大学讲师。后任国学院大学文学部教授。著有《东洋历史参考图谱》、《欧人的支那研究》、《支那的耶稣教》、《东洋文化的交流——支那文化与西方文化的交流》、《长安之春》、《支那文化论丛》、《欧美的支那研究》、《关于南海的支那史料》、《唐史丛钞》、《东洋文化史丛考》等。

石田先生大鑒遠隔

芝宇引企爲勞比維

興居增毖定符忭頌中華學藝社前懇

貴文庫慨借宋刊樂善錄委交商務印書館出版頃已印成謹特檢

呈一部妥郵寄奉藉答

雅誼至祈

鑒納爲荷專此敬頌

台祺

二十五年二月十一日

13. 东洋文库

张元济致东洋文库函底（1936 年 2 月 11 日）

　　敬启者，五载以前，鄙人曾至贵文库观书，获见宋刊《乐善录》，嗣由中华学艺社恳祈借影，仰蒙慨允，今同社委由敝馆出版，特属检呈一部妥邮寄上，藉供插架，并致谢忱，至祈赐鉴为祷。专此布奉，伏维台察。此上
东洋文库

二十五年二月十一日

敬啓者五載以前鄙人曾至
貴文庫觀書獲見宋刊樂善錄嗣由中華學藝社懇祈借影仰蒙
慨允今同社委由敝館出版特屬檢呈一部妥郵寄上藉供
插架並致謝忱至祈
賜鑒為禱專此布奉伏維
台察此上
東洋文庫

二十五年二月十一日

463

14. 岩崎久弥*

张元济致岩崎久弥函底（1936 年 2 月 18 日）

岩崎先生爵前：

笺敬久疏，恒殷企仰，伏维增祥益祜，慰如远颂。前承雅谊，慨借贵文库珍藏善本，畀与中华学艺社影印流通，嘉惠士林，同深感荷。

兹有《武经七书》《名公书判清明集》二种，由同社交商务印书馆印行，同社又借影图书寮宋刊《太平御览》，中有残阙，复蒙盛意，许以贵文库藏本补配，近已先后出版。仰企云情，同声称颂。谨各检呈两部，藉答盛贶。另有《搜神秘览》《乐善录》两书亦借自贵邦藏弄之家，顷已印成，并各赠呈一部，奉托诸桥博士转致，统祈莞纳。《武经七书》《清明集》《太平御览》二种各两部，《搜神秘览》《乐善录》各一部，并信一函，恳祈转致岩崎男爵，费神尤感。专此布候，敬颂
台祺

二十五年二月十八日

---

* 岩崎久弥（1865—1955），日本三菱集团创始人岩崎弥太郎长子，曾购入莫里逊藏书，后扩建成为东洋文库。

岩崎先生儔前籤敬久疏恆殷企仰伏維

增祥益祉慰如遠頌前承

雅誼慨借貴文庫珍藏善本畀與中華學藝社影印流通

嘉惠士林同深感荷茲有武經七書名公書判清明集二種由同社

交商務印書館印行同社又借影圖書寮朱刊太平御覽中有殘闕

復蒙

盛意許以貴文庫藏本補配近已先後出版仰企

雲情同聲稱頌謹各檢呈兩部藉荅

盛既另有搜神祕覽樂善錄兩書亦借自

貴邦藏弆之家頃已印成並各贈呈一部奉託諸橋博士轉致統祈

SC093

0093

莞納武經七書清明集太平御覽三種各兩部搜神祕覽樂善錄各

一部並信一函懇祈

轉致
岩崎男爵費

神尤感專此布候敬璽

台祺

二十五年二月十八日

15. 长尾甲 *

(1) 张元济致长尾甲函底（1936 年 2 月 20 日）

雨山先生阁下：

阔别多年，又碌碌，久疏笺讯，至念至歉。伏维撰著康愉，履候绥吉，定如所颂。弟频年以读书雠校自娱，老境愧无善状可告。前在贵邦西京借得珍本《搜神秘览》《太平御览》等书，当摄影时，诸承照料，极为感谢。今书已印成，特将此二种各检一部邮呈惠察。松浦嘉三郎先生闻在长春担任教授，昨亦属由敝分馆转询，容俟得复，另行笺候。专此奉布，敬颂

颐安

二十五年二月二十日

---

* 长尾甲（1864—1942），本名甲，又名槙太郎，字子生，号雨山、石隐、睡道人、无闷道人等，日本赞岐高松人。1888 年毕业于东京帝国大学文科古典讲习科。后任学习院大学教师，又在文部省学务局任职。1889 年兼任东京美术学校教授，1897 年任第五高等学校教授，1899 年任东京帝国大学文科大学讲师。1903 年来华，在沪担任商务印书馆编译。与河井荃庐一起成为西泠印社第一批日本社员，1914 年回国。

SC068

ᴜ 68

雨山先生閣下闊別多年又碌碌久疏箋訊至念至歡伏維

撰著康愉

履候綏吉定如所頌 弟頻年以讀書讐校自娛老境愧無善狀可告

前在

貴邦西京借得珍本搜神祕覽太平御覽等書當攝影時諗承

照料極為感謝今書已印成特將此二種各檢一部郵呈

惠詧松浦嘉三郎先生聞在長春擔任教授昨亦順由總分館轉詢

容俟得復另行箋候專此奉布敬叩

頤安

二十五年二月二十日

(2) 张元济致长尾甲函稿（1936 年 8 月 6 日）

收信人：长尾槙太郎　地址：日本京都市西洞院丸太町上
去信人：张

雨山先生大鉴：

敬启者，二月二十日曾寄寸函，附呈《搜神秘览》《太平御览》各一部，当邀察及。自春徂夏，执讯久疏，比维潭居履候，顺序增绥，慰如所颂。曩承指导，在东福寺所藏先文忠公所著《中庸说》商借影印，至为衔感。今已印成，谨呈上原板并缩印各一部。又先著尚有《孟子传》同时覆印，一并奉呈，统付邮筒，藉供雅鉴，即希惠纳为荷。专此布候，敬颂

台祺

25/8/6

469

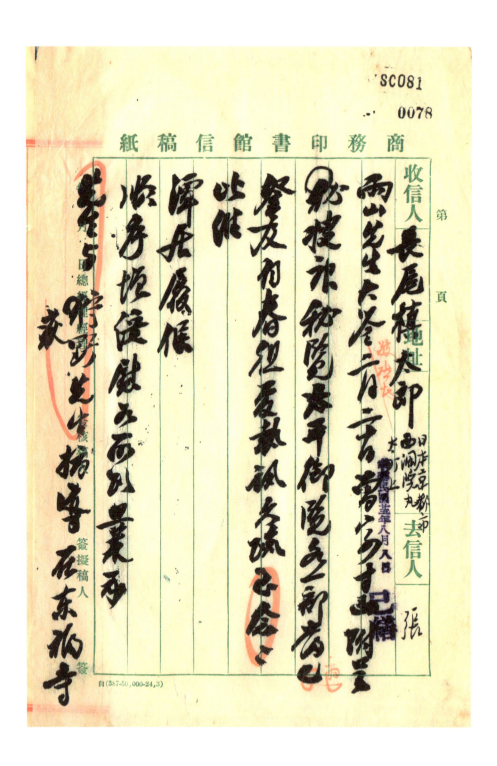

商務印書館信稿紙

收信人 長尾槙太郎 地址 日本京都市西洞院院丸

第 頁

去信人 張

○手提來鈔閣本手御覽之新著

雨山先生大鑒二月廿言書字均起附呈

民國五年八月入日

登及内春妙寶敢孤辜瑧石恪之

此此

深仄優促

順乎坦徑敬之而別業乎

先生 雅鑒核 總經理 印 签

何至 印

簽擬稿人 簽

我 為 摘等 石東孤寺

自(387-50,000-24,3)

商務印書館信稿紙

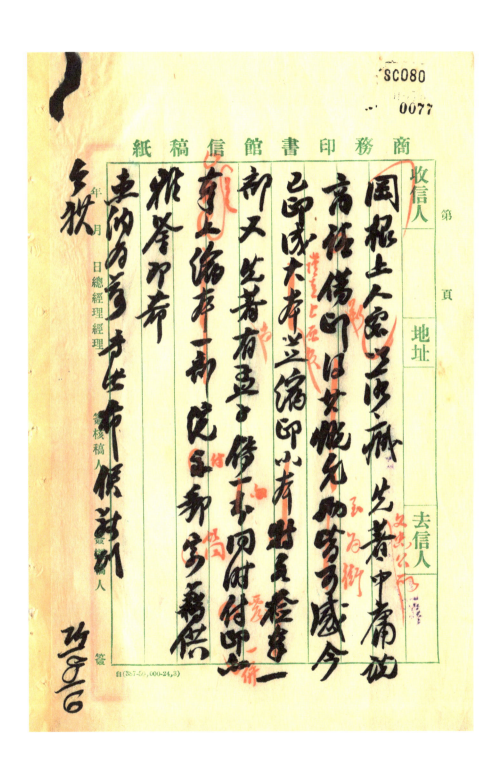

收信人

第　頁

地址

去信人

年　月

日　總經理　經理

簽核稿人　　簽核編人

簽

自(387-50,000-24,3)

16．根津信治

（1）张元济致根津信治函底（1936 年 2 月 20 日）

根津先生大鉴：

　　远企清辉，时殷驰溯，就维履候多胜为颂。前承贵文库慨假珍藏《武经七书》《名公书判清明集》及《太平御览》之一部分，昪由中华学艺社委交商务印书馆先后出版，秘笈流传，实拜嘉惠。谨各检呈一部，统乞莞纳为荷。专此，祗颂
台安

二十五年二月二十日

根津先生大鑒遠企

清輝時殷馳溯就維

履候多勝為頌前承

貴文庫慨假珍藏武經七書名公書判清明集及太平御覽之一部

分界由中華學藝社委交商務印書館先後出版祕笈流傳實拜

嘉惠謹各檢呈一部統乞

莞納為荷專此祗頌

台安

二十五年二月二十日

（2）张元济致根津信治函底（1937 年 3 月 24 日）

根津先生大鉴：

　　暌违芝宇，结想为劳，比维履候嘉胜，定符远颂。前蒙贵文库惠借残宋刊《新唐书》，昨甫印就，谨由邮便寄呈一帙，至祈莞纳为荷。专此，祗颂

台安

二十六年三月二十四日

根津先生大鑒啓建

芝宇結想爲勞比維

履候嘉勝定符遠頌前裝

貴文庫惠借殘宋刊新唐書昨甫印就謹由郵便寄呈一帙至祈

莞納爲荷專此祗頌

台安

二十六年三月二十四日

17. 饭田良平 *

（1）张元济致饭田良平函底（1936 年 2 月 20 日）

饭田先生大鉴：

　　远企清辉，时殷驰溯，就维履候多胜为颂。前承贵文库慨借珍藏《武经七书》《名公书判清明集》及《太平御览》之一部分，畀由中华学艺社委交商务印书馆先后出版，秘笈流传，实拜嘉惠。谨各检呈一部，统乞莞纳为荷。专此，祗颂

台安

二十五年二月二十日

---

　　*　饭田良平，曾任日本静嘉堂文库司库。

飯田先生大鑒遠企

清輝時殷馳溯就維

履候多勝爲頌前承

貴文庫慨借珍藏武經七書名公書判清明集及太平御覽之一部

分界由中華學藝社委交商務印書館先後出版祕笈流傳實拜

嘉惠謹各檢呈一部統乞

莞納爲荷專此祗頌

台安

二十五年二月二十日

477

（2）张元济致饭田良平函底（1937 年 3 月 24 日）

饭田先生大鉴：

　　暌违芝宇，结想为劳，比维履候嘉胜，定符远颂。前蒙贵文库惠借残宋刊《新唐书》，昨甫印就，谨由邮便寄呈一帙，至祈莞纳为荷。专此，祗颂

台安

二十六年三月二十四日

飯田先生大鑒暌違

芝宇結想爲勞比維

履候嘉勝定符遙頌前荷

貴文庫惠借殘宋刊新唐書昨甫印就謹由郵便寄呈一帙至祈

莞納爲荷專此祇頌

台安

二十六年三月二十四日

（3）饭田良平致张元济函译文（1937 年 4 月 12 日）

菊生先生惠鉴：

敬启者，时值阳春佳节，恭维起居多吉为颂。惠贶新刊景宋《新唐书》一部，现已拜领，芳情厚谊，不胜感谢之至。用特谨表谢忱，并颂

大安

饭田良平谨上

四月十二日

［请归卷。］

歸光

菊生先生惠鑒 敬啓者 時值陽春佳節恭維

起居多吉為頌 惠貺新刊景宋新唐書一部 現已拜領芳情

厚誼不勝感謝之至 用特謹表謝忱並頌

大安

飯田良平謹上

四月十二日

18. 冈根守坚[*]

（1）张元济致冈根守坚函底（1936年2月20日）

冈根守坚　京都东福寺

敬启者，前承宝刹以珍藏之宋本《太平御览》慨借与敝邦上海商务印书馆影印，一瓻之惠，价等连城，无任感谢。今已由该馆印竣出版，特检一部，伏祈赐察，不足以酬垂爱同文之意也。专此布谢，敬颂

新祺

二十五年二月二十日

岡根守臣 東都東福寺

敬啓者前承

寶刹以珍藏之宋本太平御覽

慨借與敝邦上海商務印書館影印一瓶之惠價等連城無任感謝

今已由該館印竣出版特檢一部伏祈

賜詧不足以酬

垂愛同文之意也專此布謝敬頌

新祺

二十五年二月二十日

(2) 张元济致冈根守坚函底（1936 年 8 月 10 日）

冈根上人座下：

　　昨奉惠寄邮片，辱蒙存问，甚感甚感。溽暑渐消，比维梵课清严，兴居多吉，企颂无似。曩承惠假珍藏宋刻残本先文忠公所著《中庸说》，实拜嘉惠。兹已出版，谨呈两部。又同时与所著《孟子传》合印缩本，亦并各呈一部，统希赐纳，藉供雅鉴。区区之忱，匪足以云酬答也。专此奉布，敬颂
法喜

二十五年八月十日

岡根上人座下昨奉

惠寄郵片辱蒙

存問甚感甚感潯暑漸消比維

梵課清嚴

興居多吉企頌無似曩承

惠假珍藏宋刻殘本先文忠公所著中庸說實拜

嘉惠茲已出版謹呈兩部又同時與所著孟子傳合印縮本亦併各

呈一部統希

法喜

賜納藉供

雅鑒區區之忱匪足以云酬答也專此奉布敬頌

二十五年八月十日

19．松浦嘉三郎*

（1）张元济致松浦嘉三郎函底（1936年2月20日）

松浦先生大鉴：

　　暌别有年，时殷驰系，久拟修笺奉候，以未识停云所在，怅望莫名。昨始由奉天敝分馆询知主讲大同，道履康吉，至为欣慰。弟杜门养拙，乏善可陈，前荷盛情，在贵国借取宋本《太平御览》《搜神秘览》二书，并承代托技师料量摄照，至今纫感不忘。今二书已付印出版，特各检一部迳行邮奉，聊备鉴赏，伏希察存，不足以酬高谊也。

专肃，敬颂

台祺，诸希

亮照

二十五年二月二十日

---

　　* 松浦嘉三郎（1896—1945），东亚同文书院毕业后，担任北京《顺天时报》记者，同时致力于汉学研究。

松浦先生大鑒曠別有年時殷馳系久擬修箋奉候以未識
停雲所在悵望莫名昨始由奉天分館詢知
主講大同
道履康吉至爲欣慰弟杜門養拙乏善可陳前荷
盛情在貴國借取宋本太平御覽搜神祕覽二書並承
代託技師料量攝照至今紉感不忘今二書已付印出版特各檢一
部逕行郵奉聊備
鑒賞伏希
察存不足以酬
高誼也專肅敬頌

SC098

台祺諸希

亮照

二十五年二月二十日

（2）松浦嘉三郎致张元济函（〔1936年〕3月2日）

菊生先生钧鉴：

　　久疏教诲，时深心仪。顷辱大札垂贲，敬悉文祺绥和，道履康吉，为颂为慰。并日前托小包惠赐新印宋本《太平御览》《搜神秘览》二书，已由邮局如数收到。先生嘉惠艺林之勋绩钦羡可佩，诱掖后学之盛情曷胜鸣谢。追念五年前，承嘱曾在西京东福寺统督技师摄照，淹留多日，达于四十余天，仅以发挥东方古文化为志，聊报善隣之谊，未曾愿有所报酬。何料未几上海事变①忽生，祸及池鱼，贵馆亦半为灰烬②。嘉窃以曩所代照诸片必归乌有，引为深憾，追恨不已，乃向当道诸公建议，须由日本外务文化事业部再为摄照，以赎回文化上之损失，因事未见实施，嘉亦奉命到任满洲，此事遂为停顿。今忽奉惠书，甫悉曩日引所深憾，天未丧斯文，克得倖免奇祸，再据先生之功，得流布于人间，盖万祸中之一福，抑又可谓艺林之佳话也。专肃悃谢，敬颂

台祺，诸希

照亮

松浦嘉三郎顿首

三月初二

---

　　①　一二八淞沪抗战。

　　②　1932年商务印书馆总管理处、总厂及编译所、东方图书馆等被日军炸坏焚毁，损失殆尽，被迫停业。董事会随即决定，成立复兴委员会，誓言"为国难而牺牲，为文化而奋斗"。经过半年艰苦努力，8月1日复业。

菊生先生钧鉴 久疏教诲 时深心仪

顷辱

大札垂贶 敬悉

文祺绥和 道履康吉 为慰 并日前

托小包

惠赐新印宋本太平御览搜神秘览二

书已由邮局如数收到

先生嘉惠艺林之勋绩 钦羡无可佩诵

掖後學之盛情曷勝嗚謝延念五年
前承囑曾在西京東福寺統晢技師
攝照彌留多日邁於四十餘天僅以役
揮東方古文化為志卿鄣善濤之誼未
夢預有所報酬日料未幾上海平實恐
生祸及此血
贵館办半爲灰燼 嘉宴以裛所代照諸
片必歸烏有川方深憾延怅不已乃向

当道诸公建议须由日本外务文化事
业部再为摄照以赎回文化上之损失因
寸寸见实施 嘉惠吾今川住满洲此
事遂尔停顿 今忽承
惠书颇恵景日引而深慼 天末表爱又
克得伟观奇货居标
先生之功得流布于人间岂万福中之
一福抑又可谓艺林之佳话也 专肃

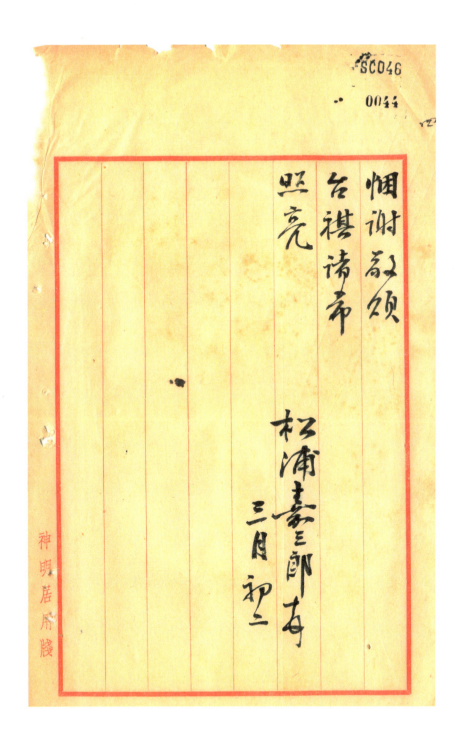

怏谢敬颂

台祺诸希

照亮

松浦喜三郎 右

三月初二

（3）张元济致松浦嘉三郎函稿（1936 年 8 月 6 日）

收信人：松浦嘉三郎　　地址：长春永昌胡同二八八号大同学院

去信人：张

松浦先生大鉴：

前奉三月初二日环示，备承奖饰，且感且惭。六月徂暑，伏维履候清吉，慰如所颂。前在京都东福寺借影先著《中庸说》，极感盛意，荏苒数年，顷甫印成原版、缩本两种，兹各检奉一部。又有先著《孟子传》亦属宋刊，虽已残缺，已为人世孤本，顷亦同时付印，并呈一部，藉供雅鉴，聊伴芜函，至祈惠纳为荷。专此布候，敬颂

台祺

25/8/6

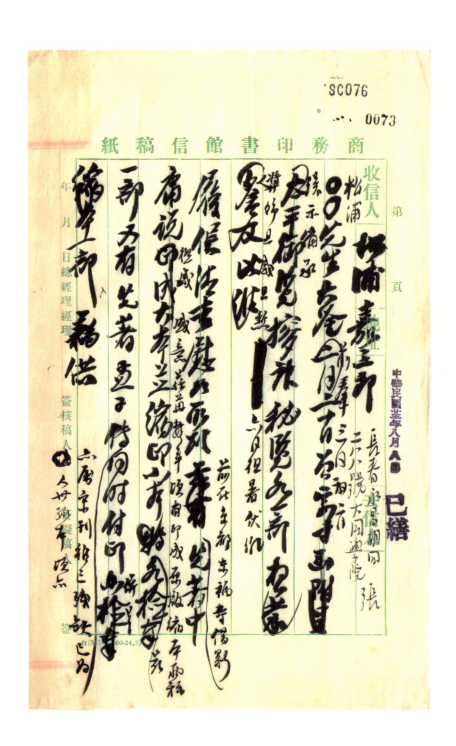

商務印書館信稿紙

收信人　松涌

第　　頁

中華民國卅八年八月八日

已繕

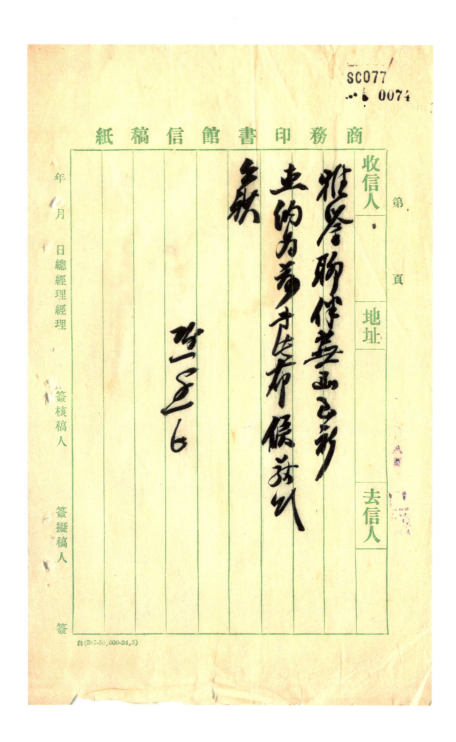

20．狩野直喜 *

(1) 张元济致狩野直喜函底（1936 年 2 月 20 日）

狩野先生大鉴：

　　远暌芝采，恒切葭思，伏维履祺增胜，企颂为慰。前承鼎力，在崇兰馆福井氏处借得宋本《搜神秘览》一书，付敝邦上海商务印书馆影印，俾广流传，嗣又向东福寺补照《太平御览》，并承指导，不胜铭感。兹二书均已印就，谨各检呈一帙交邮寄上，即乞鉴存。另奉《搜神秘览》两部，并祈转致福井氏鉴纳，费神尤荷。专此布达，敬颂

台祺

二十五年二月二十日

SC100

狩野先生大鑒遠暌

芝朵恆切馥思伏維

履祺增勝企邵爲慰前承

鼎力在崇蘭館福井氏處借得宋本搜神祕覽一書付徹邦上海商

務印書館影印俾廣流傳嗣又向東福寺補照太平御覽並承

指導不勝銘感茲二書均已印就謹各檢呈一帙交郵寄上卽乞

鑒存另奉搜神祕覽兩部並祈

轉致福井氏鑒納費

神尤荷專此布達敬頌

台祺

二十五年二月二十日

（2）张元济致狩野直喜函底（1936 年 8 月 10 日）

狩野先生大鉴：

　　前奉三月初三日台函，备荷注存，藉知附呈之《太平御览》等书已邀察及，另附福井氏《搜神秘览》两部亦承转致，心感无既。溽暑渐阑，伏维兴居清吉，慰如所颂。前在东福寺借景先文忠公遗著《中庸说》，仰承指示，感篆殊深，顷已出版，谨呈一部，同时与所著《孟子传》缩印一并各呈一部，聊伴荒函，藉供雅鉴，至希赐察为荷。专此，敬颂
台祺

二十五年八月十日

SC101

狩野先生大鑒前奉三月初三日

台函備荷

注存藉知附呈之太平御覽等書已遜

察及另附福井氏搜神祕覽兩部亦承

轉致心感無既溽暑漸闌伏維

興居清吉慰如所頌前在東福寺借景先文忠公遺著中庸說仰承

指示感篆殊深頃已出版謹呈一部同時與所著孟子傳縮印一併

各呈一部聊件荒函藉供

雅鑒至希　賜察爲荷專此敬頌

台祺

二十五年八月十日

(3) 狩野直喜复张元济函（1936年8月16日）

张菊生先生有道：

久违芝范，梦寐为劳。敬审道履安康，福祉日至，为慰为颂。比者辱惠尊印文忠公遗著《中庸说》并缩印《孟子传》各一部，莫名感激。抑先德之书早佚于中土，而残本则尚存于日本，不发见于他人而于其子孙，典籍明晦殆如有数存焉者，今又经景印传之人间，嘉惠士子。先生此举，殊深钦佩。嵩此鸣谢，顺颂
台祺，伏惟
亮照不备

狩野直喜顿首

八月十六日

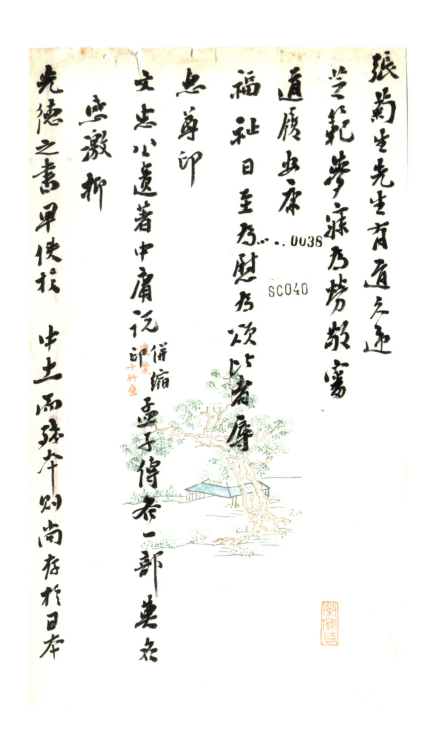

张菊生先生有道之迎

学范梦寐为劳敬审

道履必康

福祉日至为慰为颂比者厚

忠尊印

文忠以遗著中庸说[印象十竹斋]备缩

孟子传各一部甚名

曷激折

先德之书早使校 中土而稿本则尚存扵日本

不發見於他人而於其

子孫與籜明晦強如有數存焉者今又任

曼卿傳之人間

嘉祐壬子

先生此摩挲汪欽風去此鳴爾欷歔

台秋伏惟

序屺不備

遠棠
十竹齋

21. 宫内省图书寮 *

（1）张元济致宫内省图书寮函底（1936年2月20日）

图书寮

敬肃者，夙造鸿都，弥殷螳慕，贮琅环之，珍秘分光，耀于同文，引领翘瞻，曷胜仰忭。前由中华学艺社乞借贵寮所藏宋蜀刻本《太平御览》，委由商务印书馆出版，中有阙卷，续向贵邦京都市东福寺及岩崎氏静嘉堂文库所藏参配，仍缺二十六卷，复以景宋聚珍本补入，以成完璧。兹已印竣，谨特检呈两部。尚有《武经七书》《名公书判清明集》《乐善录》《搜神秘览》等四种，均皆假自贵邦公私藏弆之所，秘笈流传，为益至巨，并各检呈一部，统乞察存，并祈鉴定，无任感幸。专肃上启，敬颂

春绥，诸维

赐詧

二十五年二月二十日

---

* 宫内省图书寮，现称宫内厅书陵部图书馆，是日本皇家藏书库。建立于明治十七年（1884），其藏书由献纳和接受两种来源。如昭和二十四年三月，一次接受的书籍仅汉籍就有 18 384 册 10 568 帖，以红叶山文库的藏书为主。献纳较多者如古贺家之藏书（古贺精里、古贺侗庵、古贺茶溪）于明治二十二年献纳于宫内厅书陵部，德山藩主毛利元次亦于明治二十九年将其中善本献于宫内省。宫内厅书陵部的汉籍藏书经神田喜一郎整理编目，分别出版有《帝室和汉图书目录》《增加帝室和汉图书目录》《图书寮汉籍善本目录》。

圖書寮

敬肅者夙造

鴻都彌殷螘慕

貽琅環之珍祕分、

光耀於同文引領翹瞻曷勝仰忭前由中華學藝社乞借

貴寮所藏宋蜀刻本太平御覽委由商務印書館出版中有闕卷

繼向

貴邦京都市東福寺及岩崎氏靜嘉堂文庫所藏參配仍缺二十

六卷復以景宋聚珍本補入以成完璧茲已印竣謹特檢呈兩部

尚有武經七書名公書判清明集樂善錄搜神祕覽等四種均皆

假自

SC119

貴邦公私藏弆之所祕笈流傳爲益至鉅並各檢呈一部統乞

察存並祈

鑒定無任感幸專肅上啓敬頌

春綏諸維

賜詧

二十五年二月二十日

(2) 张元济致宫内省图书寮函稿（1936 年 8 月 7 日）

宫内省图书寮公鉴：

　　敬启者，前奉覆示，藉悉所呈《太平御览》两部，《武经七书》《名公书判清明集》《乐善录》《搜神秘览》各一部，已蒙赐察。兹又印成先人遗著《中庸说》，此书借自贵国京都东福寺，敝邦久佚，今获流通，实深感幸，谨检两部，托长泽先生代为转上，藉申曝献，伏希鉴纳为荷。

二十五年八月七日

帝室圖書寮公鑒敬啟者二月二十日曾肅寸緘附呈太平御覽兩

部武經七書名公書判清明集樂善錄搜神祕覽各一部計蒙

賜察茲又印成先人遺著中庸說此書借自

貴國京都東福寺敝邦久佚今獲流通實深感幸謹檢兩部託長澤

先生代爲轉上藉申曝獻伏希

鑒納爲荷專肅敬頌

台祺

二十五年八月七日

（3）张元济致宫内省图书寮函底（1937 年 3 月 24 日）

　　敬启者，去岁八月七日肃上一缄，邮呈先著《中庸说》两部，计已早邀赐览。曩年在贵邦静嘉堂文库借影残宋刊《新唐书》，昨甫印就，谨由邮便寄呈一帙，至祈察纳为荷。此上
宫内省图书寮

二十六年三月二十四日

SC123

敬启者去岁八月七日奉上一缄邮呈先著中庸说两部计已早邀

赐览曩年在

贵邦静嘉堂文库借影残朱刊新唐书昨甫印就谨由邮便寄呈壹

帙至祈

察纳为荷此上

宫内省图书寮

二十六年三月二十四日

22. 橘井清五郎[*]

(1) 张元济致橘井清五郎函底 (1936 年 3 月 4 日)

橘井先生惠鉴:

　　春日载阳，伏维道履嘉胜。前由中华学艺社乞借贵寮所藏宋蜀刻本《太平御览》，委由敝馆出版，中有残阙，复借得贵邦京都市东福寺及岩崎氏静嘉堂文库所藏残本参配，尚缺二十六卷，以景宋聚珍本补入，幸成完璧，顷已出版，谨检呈一部，伏乞莞存。再，此书月前即拟邮呈，因接长泽先生函告，藉悉尊寓地名更改，深恐误投，特又续询长泽先生，顷得复函，谓街番略有更动，地址则仍旧，稍致稽延，甚以为歉。合并陈明，统维鉴谅。专此布谢，敬颂

撰祺

二十五年三月四日

---

[*]　橘井清五郎 (1876—1947)，日本版本学家，著有《古版书志论考》《西洋书志学要略》。

511

橿井先生惠鑒春日載陽伏維

道履嘉勝前由中華學藝社乞借

貴寮所藏朱蜀刻本太平御覽委由卽館出版中有殘闕復借得

貴邦京都市東福寺及岩崎氏靜嘉堂文庫所藏殘本參配尚缺二

十六卷以景宋聚珍本補入幸成完璧頃已出版謹檢呈壹部伏乞

莞存再此書月前卽擬郵呈因接長澤先生函告藉悉

尊寓地名更改深恐誤投特又續詢長澤先生頃得復函謂街番略

有更動地址則仍舊稍致稽延甚以為歉合併陳明統維

鑒諒專此布謝敬頌

撰祺

二十五年三月四日

（2）张元济致橘井清五郎函底（1936 年 8 月 7 日）

橘井先生大鉴：

　　三月四日曾上寸缄，附呈《太平御览》一部，想蒙察及。比维暑候佳胜，慰如所颂。兹托长泽先生代为转致新印先人遗著大本《中庸说》一部，缩本《中庸说》《孟子传》各一部，敬祈赐鉴为荷。专此布奉，顺颂

台祺

二十五年八月七日

SC071

橘井先生大鑒三月四日會上寸緘附呈太平御覽一部想蒙

察及比維

暑候佳勝慰如所頣茲託長澤先生代爲轉致新印先人遺著大本

中庸說一部縮本中庸說孟子傳各一部敬祈

賜鑒爲荷專此布奉順頣

合祺

二十五年八月七日

23. 铃木重孝

（1）张元济致铃木重孝函底（1936年3月4日）

铃木先生大鉴：

　　远睽芝采，恒切葭思，比维履祺增绥，企颂为慰。前由中华学艺社乞借贵寮所藏宋蜀刻本《太平御览》，委由敝馆出版，中有残阙，续向贵邦东福寺、静嘉堂借补，复以喜多邨直宽氏之景宋聚珍本配入，幸成完璧，诸纫雅谊，感非言喻。顷已出版，谨特检呈一部，聊将微意，伏祈鉴存。专此布候，敬颂
台祺

二十五年三月四日

SC080

U 80

鈴木先生大鑒遠暌

芝采恆切葭思比維

履祺增綏企頌爲慰前由中華學藝社乞借

貴寮所藏宋蜀刻本太平御覽委由敝館出版中有殘闕續向

貴邦東福寺靜嘉堂借補復以喜多邨直寬氏之景宋聚珍本配入

幸成完璧譜紉

雅誼感非言喻頃已出版謹特檢呈壹部聊將微意伏祈

鑒存專此布候敬頌

台祺

二十五年三月四日

（2）张元济致铃木重孝函稿（1936年8月7日）

铃木先生大鉴：

　　敬启者，前奉覆音，知所呈《太平御览》已蒙察及。炎暑乘时，伏维履候佳胜为颂。近日续印先人遗著《中庸说》《孟子传》顷已出版，今检原版《中庸说》一部，缩本《中庸说》《孟子传》各一部，谨托长泽先生代为转致，伏希鉴纳，并祈惠教不遗，是所企祷。专此布奉，敬颂

台祺

二十五年八月七日

SC083

083

鈴木先生大鑒三月四日曾寄寸函附呈太平御覽一部想蒙

察及比維

履候佳勝爲頌茲有先人遺著中庸說孟子傳兩書印成出版今檢

大本中庸說一部縮本中庸說孟子傳各一部託長澤先生代爲轉

上伏希

鑒納鴻便並希

惠教不遺是所企禱專此布奉敬頌

台祺

二十五年八月七日

24．杉荣三郎

张元济致杉荣三郎函底（1936 年 3 月 4 日）

杉先生大鉴：

　　远暌芝采，恒切葭思，比维履祺增绥，企颂为慰。前由中华学艺社乞借贵寮所藏宋蜀刻本《太平御览》，委由敝馆出版，中有残阙，续向贵邦东福寺、静嘉堂借补，复以喜多邨直宽氏之景宋聚珍本配入，幸成完璧，诸纫雅谊，感非言喻。顷已出版，谨特检呈一部，聊将微意，伏祈鉴存。专此布候，敬颂

台祺

二十五年三月四日

SC105

杉先生大鑒遠曦

芝采恆切馥思比維

履祺增綏企頌為慰前由中華學藝社乞借

貴處所藏宋蜀刻本太平御覽委由敝館出版中有殘闕續向

貴邦東福寺靜嘉堂借補復以喜多邨直寬氏之景朱鈔珍本配入

幸成完璧諾紉

雅誼感非言喻頃已出版謹特檢呈壹部聊將微意伏祈

鑒存專此布候敬頌

台祺

二十五年三月四日

25. 吉川幸次郎[*]

（1）吉川幸次郎致张元济函（1936年5月8日）

菊生先生执事：

在沪得接风采，东归之后，每系驰仰。迩惟兴居清适，为颂无量。此敬启者，比京都帝国大学得觇尊刻《横浦文集》《词林纪事》二书，幸次郎与在教职鸣谢何已。而此二部者，敝研究所同人亦皆先睹为快，欲挹先德之清芬，增光采于策府，未知可否得赐一份？敝所刊物可供尊架之求者甚鲜，然诸景印书《一神论》《三藏法师传》之类，若以见徵，亦惟命。其《东方学报》已按期奉呈，想均检收。嵩此奉恳，伏取进止。即颂

箸安

吉川幸次郎拜上

五月初八

［号善之。25/5/14复。］

---

* 吉川幸次郎（1904—1980），字善之，日本中国文学研究家，生于神户市。京都帝国大学文学科毕业，师事狩野直喜。在中国留学后，就职于东方文化研究所。吉川以清代经学为其文学研究的基础，推崇段玉裁、钱大昕等古典语言学、古代史学的方法。有《吉川幸次郎全集》行世。

菊生先生執事　在滬得接

風采東歸之後每系馳仰迩惟

興居清適為頌無量此敬啟者北京都

帝國大學得既

尊刻横浦文集詞林紀事二書幸次郎

與在教職鳴謝而已而此二部者敝研究

所同人不皆先睹為快欲把

先德之清芬贈先亦拯策府未知可否得

東方文化學院京都研究所

賜一份報所刊物可洪

尊架之求者甚鮮然諸景印書一神論

三藏法師傳之類若以見徵亦惟

命其東方學報已按期奉呈想均

檢收尚此奉懇伏祈

進此即頌

籌安

吉川幸次郎拜上
五月初八

(2) 吉川幸次郎致张元济函（1936 年 5 月 22 日）

菊生先生执事：

　　承到云笺并《横浦文集》《词林纪事》各一部，鸣谢曷已。二书即交书库永远保存，敝所同人皆拜嘉惠。兹谨赠《一神论》《大唐三藏法师传》及新增汉籍目录各一部，略答高谊，伏请检收是感。拙刻《周髀算经图注》一册另邮附上，亦祈哂存为幸。余不一一。伏颂
时安

　　　　　　　　　　　　　　　　　　吉川幸次郎上
　　　　　　　　　　　　　　　　　　丙子五月廿二

［号善之。25/5/27 复。］

菊生先生執事　承到

雲牋並橫浦文集書林紀事各一部嗚

謝昂已二書即交書庫永遠保存藏弆

同人皆拜

嘉惠蕊謹贈一神論天唐三藏陝師傳及

新增漢籍目錄各一部略箸

高誼次請

檢收是感批剜圃骿箄經圖注一冊另郵坿

上禾祈

晒存为幸 餘不一一伏頌

時妥

吉川幸次郎上

丙子五月廿二

(3) 张元济致吉川幸次郎函底（1936 年 8 月 10 日）

善之先生大鉴：

久疏笺讯，暑气渐阑，伏审兴居佳胜，定洽颂忱。弟海上侨居，碌碌如昨。兹又印成先人遗著《中庸说》《孟子传》两书，各检一部奉呈雅鉴，即希惠存。又同样各一部，敬求转送东方文化学院京都研究所收入，藉供众览。琐费仁神，感谢之至。专此布悃，祗颂

台祺

二十五年八月十日

SC094

善之先生大鑒久疏箋訊暑氣漸闌伏審

興居佳勝定洽頤忱弟海上僑居碌碌如昨茲又印成先人遺著中

庸說孟子傳兩書各楡一部奉呈

雅鑒卽希

惠存又同樣各一部敬求

轉送東方文化學院京都研究所收入藉供衆覽瑣費

仁神感謝之至專此布懇祗頌

台祺

二十五年八月十日

(4) 吉川幸次郎致张元济函 (1936 年 9 月 14 日)

菊生先生台鉴：

　　顷奉大札，并承赠文忠公《中庸说》《孟子传》各二部，铭感殊甚。会幸次郎有负薪之忧，入病院调治，笺谢荏苒，为皋之至。今略平复，足纾远注。另邮寄上宋版《义楚六帖》书景四页，亦东福寺所藏，伏祈莞存是幸。余不一一，诸希荃察。敬颂

台祺

吉川幸次郎顿首上

九月十四

　　文忠书一份已交研究所编目保存，另有谢函，度已达览。

菊生先生台鑒　頃奉
大札並承贈
文惠公申庸說盖于傳各二部銘感殊甚會幸次郎有頁
薪之憂入病院調治痊謝在每為叟幸之至今略平
復差紓
遠注另郵寄上宋版義楚六帖書景四頁亦東福寺所

藏伏祈
鑒存是幸餘不一一潜布
荃詧敬頌
台祺
　　　　吉川幸次郎頓首上九月十四
文惠書一份已交研究所編目保存另有謝函慶已達
覽

SC038

0036

0037

SC039

530

26．荻野仲三郎 *

（1）张元济致荻野仲三郎函稿（1936 年 8 月 6 日）

收信人：荻野仲三郎　　地址：东京市外阿佐ケ谷小山四十二番地

荻野先生大鉴：

远暌雅教，笺讯久疏，仰企之余，弥殷驰念。比维履祺安吉，动定咸绥，至为忭颂。曩在故友山本条太郎①氏席上获聆教益，并蒙致书京都东福寺冈根上人借影所藏先文忠公遗著《中庸说》，当邀慨允，心感无既，荏苒数年，顷始印就，并成原版、缩本两种，谨各检呈一部。又，先著同时尚有《孟子传》，虽系残本，惟自宋迄今从未覆版，顷亦印出，并呈一部，藉供清鉴，聊伴荒函，至希惠纳为荷。专此布候，敬颂

台祺

25/8/6

［乞示通信址。］

　　＊　荻野仲三郎（1870—1947），日本历史学家。1897 年毕业于东京大学。历任国宝保存会、重要美术品等调查委员会、史迹名胜天然纪念物调查委员会等委员，从事古美术保存事业。另外，还担任阳明文库的理事。
　　①　山本条太郎，商人、政治家。1909 年就任三井产物常务董事。为辛亥革命的革命派提供资金。

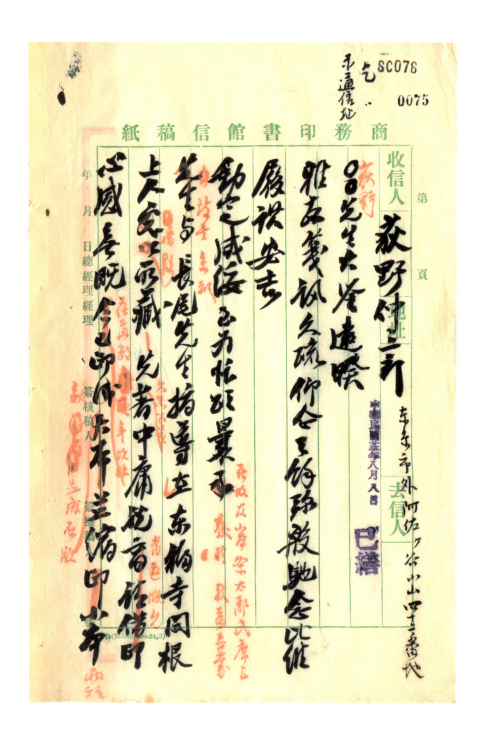

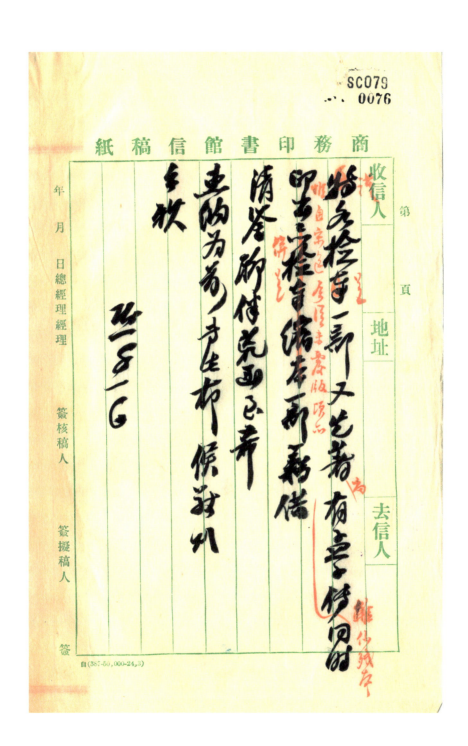

商務印書館信稿紙

收信人　第　頁

地址

去信人

年
月
日
總經理
經理

簽核稿人

簽擬稿人

簽

自(387-50,000-24,3)

（2）荻野仲三郎复张元济函（1936 年 10 月 13 日）

　　敬覆者，时属秋凉，遥维起居清安为颂。顷蒙惠赠《续古逸丛书》本《中庸说》一件，《四部丛刊》三编本《中庸说》《孟子传》各一件，拜领之余，无任欣忭，自当永久珍藏，以资研究。山本条太郎先生因病已归道山，想同痛惜。刻下金风乍至，伏冀珍摄尊躯。耑此鸣谢，敬上

张元济先生

昭和十一年十月十三日

荻野仲三郎顿首

敬覆者時屬秋涼遯雜

起居清安爲頌頌蒙

惠贈續古逸叢書本中庸說一件四部

叢刊三編本中庸說孟子傳各一件拜領

之餘無任欣忭自當永久珍藏以資

研究山本条太郎先生因病已歸道山

535

想同痛惜刻下金風乍至伏冀珍攝

尊軀耑此鳴謝敬上

張元濟先生

昭和十一年十月十三日　荻野仲三郎頓首

27. 泽村幸夫

张元济致泽村幸夫函底（1936 年 8 月 10 日）

泽村先生大鉴：

　　久别光仪，并疏笺讯，海天驰溯，结想弥殷。暑阑渐凉，伏审襟宇清和，履祺增胜，定如所颂。弟淞滨侨寓，读书自娱，碌碌无可称述。兹有先人遗著《中庸说》《孟子传》两种印行出版，特各检一部，藉呈雅鉴，聊胜芜函，即希惠察为荷。专此布候，敬颂
台祺

二十五年八月十日

537

SC095

0095

澤村先生大鑒久別

光儀並疏箋訊海天馳溯結想彌殷暑闌漸涼伏審

襟宇清和

履祺增勝定如所頌弟淞濱僑寓讀書自娛碌碌無可稱述茲有先

人遺著中庸說孟子傳兩種印行出版特各檢一部藉呈

雅鑒聊膽燕函即希

惠察爲荷專此佈候敬頌

台祺

二十五年八月十日

28. 服部宇之吉[*]

(1) 张元济致服部宇之吉函底（1936 年 8 月 10 日）

服部先生大鉴：

久别光仪，并疏笺讯，海天驰溯，结想弥殷。暑阑渐凉，伏审襟宇清和，履祺增胜，定如所颂。弟淞滨侨寓，读书自娱，碌碌无可称述。兹有先人遗著《中庸说》《孟子传》两种印行出版，特各检一部，藉呈雅鉴，聊胜芜函，即希惠察为荷。专此布候，敬颂

台祺

二十五年八月十日

---

[*] 服部宇之吉（1867—1939），东京帝国大学中国哲学博士，1900—1902 年留学德国。1902—1909 年受聘京师大学堂师范馆正教习。1915 年任哈佛大学教授一年，1924 年起任东京帝国大学教授，1926 年任朝鲜京城帝国大学总长。著有《心理学讲义》。

SC096

服部先生大鑒久別

光儀並疏箋訊海天馳溯結想彌殷暑闌漸涼伏審

襏宇清和

履祺增勝定如所頌 弟淞濱僑寓讀書自娛碌碌無可稱逃茲有先

人遺著中庸說孟子傳兩種印行出版特各檢一部藉呈

雅鑒聊膝燕函即希

惠察爲荷專此佈候敬頌

台祺

二十五年八月十日

(2) 服部宇之吉复张元济函（1936 年 9 月 1 日）

张先生惠览：

　　敬启者，今年赤帝逞威，余炎未收，鲤信久不通，未审起居何似，伏惟万福。顷者蒙赠《四部丛刊》本《中庸说》及《孟子传》各一部，如数拜领，感激曷胜，敬表谢忱。弟近年视力减退，作字不如意，怪丑难看，请恕。耑此奉谢，顺颂
道安

服部宇之吉具
九月一日

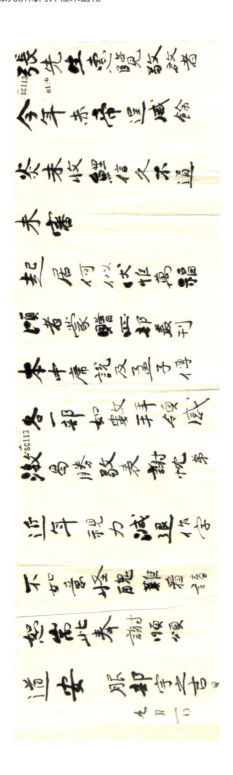

29．东方文化学院京都研究所

东方文化学院京都研究所致张元济函（1936 年 9 月 7 日）

张菊生先生惠鉴：

　　敬启者。顷承惠赠《四部丛刊》三编《中庸说》一册、《孟子传》五册，深纫厚意。除编目珍存，供众浏览，并彰高谊外，谨此鸣谢。

祗颂

公绥

东方文化学院京都研究所启

昭和十一年九月七日

SC130

張菊生先生 惠鑒

敬啓者頃承

惠贈 四部叢刊三編 中庸說 一冊 孟子傳 五冊 深紉

厚意除編目珍存供眾瀏覽並彰

高誼外謹此鳴謝祗頌

公綏

東方文化學院京都研究所啓

昭和十一年九月七日

京都市左京區北白川小倉町五〇

30. 德富苏峰*

(1) 张元济致德富苏峰函底 (1936 年 10 月 2 日)①

录廿五年十月二日张菊翁致德富苏峰君函

阔别数年，时深企仰。比维著述日新，起居多福，定如下颂。元济钻研故纸，无淑可陈。近印成先文忠公遗著《中庸说》《孟子传》两种，特恳长泽规矩也先生代呈，伏乞莞纳。

---

　　* 　德富苏峰（1863—1957），日本著作家，曾任参议院议员、东京国民新闻社社长。著有《成簣堂闲记》等。

　　①　此件系张元济致长泽规矩也函稿（1936 年 10 月 2 日）之附件。

SC104

錄廿五年十月二日張菊翁致德富蘇峯君函

闊別數年時深企仰比維著述日新起居多福定如下頌元

濟鑽研故紙無淑可陳近印成先文忠公遺著中庸說孟子

傅兩種特懇長澤規矩也先生代呈伏乞莞納

商務印書館啓事用牋

(2) 张元济致德富苏峰函稿（1936 年 11 月 26 日）[①]

收信人：德富苏峰　地址：长泽君转

苏峰先生大鉴：

前月二日肃上一椷，并附呈先人遗著《中庸说》《孟子传》两书，谅邀垂察。比来霜晴气淑，遥祝颐养增绥。五载以前，曾乞转商上杉伯爵补借宋椠黄善夫本《史记》六十卷，畀与商务印书馆影印流传，敝邦久佚之本获成完璧，嘉惠同文，良非浅鲜。荏苒数载，顷始将全书印成，谨呈一部，〔书直寄。任心白谨注。〕伏希莞纳为幸。专此布谢，敬颂

颐绥

　　　　　　　　　　　　　　　　　　　　　　　张

　　　　　　　　　　　　　　　廿五年十一月廿六日

---

① 此件系商务印书馆致长泽规矩也函稿（1937 年 1 月 6 日）之附件。

商務印書館信稿紙

收信人	德富蘇峰
地址	長澤君轉去信人

第　頁

蘇峯先生大鑒前月二日肅上一椷
并附呈先人遺著中庸說孟子傳兩書諒邀
垂詧此來霜晴氣澀遙祝
頤養增綏五載以前曾乞
溥卿上校伯爵補借宋槧黃善夫本
史記六十卷畀与商務印書館影印流
傳敝邦久供之本蕆成完璧
嘉惠同文良非淺鮮茲再敦載頃始
將全書印成謹呈一部(仍)请長澤覽規

年　月　日　總經理　經理
簽核稿人
簽擬稿人
簽

自(387.50,000-24,8)

548

壽真蹟

商　務　印　書　館　信　稿　紙

| 收信人 | 地址 | 去信人 |

第　頁

〔短〕以先生代達似希
莞納為幸專此布復敬順
頌綏

張

廿五年十二月廿六日
總經理　經理
簽核稿人
簽擬稿人
簽

自(387-50,000-24,3)

31. 盐谷温*

张元济致盐谷温函稿（1936 年 11 月 26 日）

盐谷先生道席：

日久未作笔谈，敬想起居佳胜，著述贤劳，定符远颂。弟丹铅犹昔，无淑状可言。前曾辑印先著《中庸说》《孟子传》二种，谨各奉赠一部，上备玄览。兹有魏君应麒留学贵邦，有志深造，拟于明年入东京帝国大学文学部研究院，盖有慕真学明师之故，特为函介，乞予训导一切，以副成德达材之教，无任纫感。专肃布达，敬颂
教安

廿五年十一月廿六日

---

 * 盐谷温（1878—1962），号节山，日本中国学家、中国俗文学研究者。1906 年成为东京帝国大学中国文学科副教授，他先后编著出版了《中国文学概论讲话》（大日本雄辩会，1919）、《唐宋八大家文新钞》（弘道馆，1925）、《晋唐小说新钞》（弘道馆，1926）、《新字鉴》（东京新字鉴刊行会，1939）4 中国小说研究》（弘道馆，1949）、《中国文学概论》（讲谈社，1983）等大量关于中国文学的书籍。盐谷温长期在东大主持中国文学讲座。

紙　稿　信　館　書　印　務　商

收信人

地址

去信人

第　　頁

盦谷先生道席日久未作書談敬想

起居佳勝著述賸勞定符遠頌未卜鉛槧昔無洙狀

可言前曾輯印光書中庸說孟子傳二種謹各奉

贈一部上甫

玄覽孫有魏君立麒留學

貴邦有志深造擬於明年入東京帝國大學文

學部研究院孟有篤真學明師之故特為一函介

气予訓導一切以副　咸德達材之教無任鉻感專

肅布達敬頌　教安

五年土月先日總經理經理

簽核稿人

簽擬稿人

簽

自(387-50,000-25,9)

32. 上杉伯爵

张元济致上杉伯爵函稿（1936年11月27日）①

收信人：上杉伯爵　去信人：张

上杉先生爵座：

　　笺敬久疏，恒殷企仰。伏维宏猷彪炳，景福骈臻，式如远颂。前因商务印书馆景印宋椠黄善夫本《史记》，残缺半部，曾乞德富苏峰、黑井悌次郎先生转恳借补，仰荷玉成，嘉惠艺林，同深感篆。兹全书业已出版，谨寄奉印本两部，伏乞莞存为荷。专肃布谢，敬颂

勋绥

25/11/27

---

① 此件系商务印书馆致长泽规矩也函稿（1937年1月6日）之附件。

收信人：上杉伯爵
地址
第　頁
去信人：張

上杉先生爵座　箋敬久疎恒般企仰伏維

宏猷懋炳

景福駢臻式如遠頌前日商務印書館景

印宋槧黃善夫本史記殘缺半部曾乞德

富蘇峯黑井悌次郎先生轉託借補仰

喬

玉成嘉惠藝林同深感篆莊全書業

已出版謹寄奉印本兩部伏乞

莞存為荷專肅布谢敬順

勛綏

33. 田中庆太郎*

商务印书馆致田中庆太郎函底（1937 年 1 月 6 日）①

田中先生大鉴：

　　献岁发春，敬祝骏业日隆。兹恳者，张菊生先生拟致上杉伯邸暨德富苏峰、黑井悌次郎两先生信函书籍，原请长泽规矩也先生转交，旋因长泽先生现寓神奈川县叶山町堀内森户，往返跋涉，不敢屡渎。曾于上年十一月间函询三处详址，以便直寄，迄今尚未奉复，深恐上杉诸公亟欲快读，用将早经备就之黄善夫本《史记》四部（每部八函均有布套）付邮妥寄，至祈察收，暂为保存。敝馆一面已函告长泽先生，请向尊处接洽分别代致。有渎清神，至为纫感！再，黄本《史记》即拟发行，正在赶制印样，不日寄上，并希鼎力推销，尤为感盼！专此，祗颂

新祺

二十六年一月六日

---

　　* 田中庆太郎（1880—1951），生于日本京都。1900 年东京外国语大学中国语学科毕业，即来华。文求堂书店主人。1928—1929 年间，文求堂曾发行《文求堂善本书目》。另每年发行一册《文求堂书目》。

　　① 此件系任绳祖致张元济函（1937 年 1 月 7 日）之附件。

商務印書館信件副頁

田中先生大鑒：獻歲發春，敬祝
駿業日隆。茲懇者，張菊生先生擬致上杉伯國壐德富蘇峰
黑井悌丞郎兩先生信函書籍，原請長澤規矩也先生轉交，
旋因長澤先生現寓神奈川縣葉山町堀內森戶，往返跋涉，
不敢屢瀆。暫於上年十一月間函詢三處詳址，以便直寄，
迄今尚未奉復，深恐上杉諸公亟欲快讀，用將早經備就之
黃善夫本史記耕部（每部捌函均有布套）付郵妥寄，至祈
察收，暫爲保存。敝館一面已函告長澤先生，請向
尊處接洽分別代致。有濱
清神，至爲紉感！再黃本史記卽擬發行，正在趕製印樣，

SC045

商務印書館信件副頁

字第　　號

不日寄上，並希

鼎力推銷，尤爲感盼！專此祗頌

新禧。

二十六年一月六日

第　　頁

34. 高仓克己

(1) 高仓克己致商务印书馆函节录（1937 年 1 月 26 日收）

再，宝号丛刊预备出书目内虽有陈祥道《礼书》宋刊本，未见宋陈旸《乐书》之目。敝人顷于京都大学展观近卫文库（即现任贵族院议长近卫氏藏书寄托在大学者）时，亲阅宋刊本《乐书》二百卷，楼钥撰《正误》一卷，共四十五册，首尾完全，无有阙残补版。该书《正误》末云嘉泰二年为现知南丰县陈蒂刊行本而作云云。此书贵国图书馆、敝国图书寮各有残阙数卷，亦不如此部之首尾完全远矣。又，此书现通行者，不过如明崇祯间、前清光绪间粤闽刊本之类，如宝号特以此书附影印刊行，其裨益天下士林几何哉。兹顺书端敢致，即颂

财安

节录高仓克己君来函（通信地址：日本京都市左京区净土寺西田町六）

[26/1/26 到。]

[菊翁：此系日本现购户致本馆通信现购股函中之一段，录呈，祈检阅。云五]

557

丹寶詢以刊補備出書目內雖有陳祥道禮書

宋刊今未見宋陳暘樂書之目　做人頗求京都大

学辰祝近衛文庫　即現任貴族院議長近衛氏　時親閱宋　藏書亭利公大年者

刊本樂書二百卷樓鑰撰正誤一卷共四十五冊首尾

完全無有闕殘補　該書正誤末云嘉泰二年之現知

南昌縣陳苗刊行本而作云　此書　貴國圖書館

國圖書寮志有殘闕敷卷亦不及此部之首尾完全

遠矣　此書現通行者不過北明崇禎間前清先備

商務印書館編審部啟事用箋

向與廣刊今之類如 寶籍 特以此書附影

印和行於禪益天下士林敬仰藏葉叭書端

敢致叩頌

財安

耑錄高倉克己居來山

節京區府寺西田町六

通代地日本京都市左

（2）商务印书馆复高仓克己函底（1937年1月28日）

高仓克己　日本京都市左京区净土寺西田町六
之字第四七八号
高仓先生大鉴：

敬启者，兹由敝馆发行所转示大函，藉谂执事于京都大学展观近卫文库时，见有宋刊本《乐书》一种，首尾完全无阙；备承指示，无任感谢。查《乐书》敝馆现尚未觅到宋本，执事所见之书，未知可否商借景印，得便如蒙就近查示，尤深感荷。专肃，敬颂
大安

二十六年一月二十八日

〔菊翁：本函已寄发，敬呈副本一分〔份〕。云五〕

016

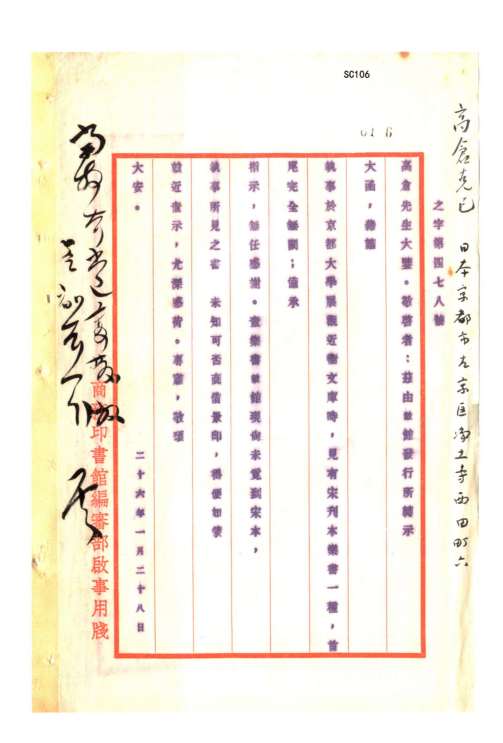

之字第四七八號

高倉先生大鑒。敬啟者：茲由敝館發行所轉示

大函，藉悉

執事於京都大學展觀近衛文庫時，見有宋刊本樂書一種，首

尾完全無闕；備承

指示，無任感謝。查樂書敝館現尚未覓到宋本，

執事所見之書 未知可否商借景印，得便知蒙

就近查示，尤深感荷。專蕭，敬頌

大安。

二十六年一月二十八日

商務印書館編審部啟事用箋

35．杂件

（1）京都赠书清单（〔1936 年 2 月〕）

京都赠书清单

狩野直喜博士：《太平御览》《搜神秘览》。住京都市左京区田中大堰町六番地。

长尾槙太郎氏：同上。住京都市西洞院丸太町上。

松浦嘉三郎氏：同上。在京都代任照相事。长尾先生介绍，拟托长尾氏转交。

崇兰馆：《搜神秘览》。托狩野氏转交。

冈根守坚：京都东福寺灵云院代表。《太平御览》。

商務印書館啓事用箋

字第　　號

第　　頁

京都贈書清單

狩野直喜博士　太平御覽　搜神祕覽　住京都市左京區田中大槻町六番地

長尾槇太郎氏　同上　住京都市在京都代任照相事

松浦嘉三郎氏　同上　長尾先生介紹擬託長尾氏轉交

崇蘭館　搜神祕覽　託狩野氏轉交

岡根守堅　京都東福寺靈雲院代表　太平御覽

563

(2)《太平御览》赠送清单（〔1936 年 2 月〕）

《太平御览》赠送清单

长泽规矩也壹部，
宇野哲人博士壹部，
狩野直喜壹部，
诸桥辙次博士壹部，
长尾槙太郎壹部，
静嘉堂式部，
图书寮式部，
杉荣三郎博士壹部，
铃木重孝壹部，
橘井清五郎壹部，
饭田良平壹部，
根津信治壹部，
冈田〔根〕守坚壹部，
松浦嘉三郎壹部。
计共拾陆部。

SC114

太平御覧之清字

長澤規矩也	壹部
宇野哲人博士	壹部
狩野直喜	壹部
諸橋轍次博士	壹部
長尾楨太郎	壹部
靜嘉堂文庫	式部
圖書寮	式部
杉村三郎博士	壹部
鈴木重孝	参部
橋本清吉郎	壹部
飯田良平	壹部
根津信治	壹部
圖田守衛	壹部
杉浦三郎	壹部
計 參拾陸部	

三、附　录

人名书名索引

575

577